Guidelines for Code Preparation of Highway Digital Archives

公路数字档案编码导则

唐修益　罗　竞
孙盛国　刘　平　编　著

人民交通出版社股份有限公司
China Communications Press Co.,Ltd.

内 容 提 要

《公路数字档案编码导则》是一本全面介绍公路工程档案标识编码的专著。主要内容包括公路标识编码的制定原则与结构，项目代号、立卷单位、单位分部分项工序、年度批次类文件材料、散装类案卷文件材料、声像类文件材料及其他类文件材料的唯一性标识编码，利用二维码技术自动生成立卷归档材料的唯一性标识编码，公路数字档案管理系统（软件）简介和资料性录入附表。

本导则依据中华人民共和国国家标准《科学技术档案案卷构成的一般要求》（GB/T 11822—2008）、交通运输部《公路工程竣（交）工验收办法实施细则》（交公路发〔2010〕65号）、《公路建设项目文件材料立卷归档管理办法》（交办发〔2010〕382号）编制，结合公路工程档案建设实践，针对工程档案建设、管理、营运等阶段所收集、使用的档案，通过范例，着重阐述了各种立卷归档文件材料进行标识编码的方法，覆盖了公路工程所有立卷归档文件材料，具有极强的针对性和可操作性。

本导则基于国家档案局2014年度科技项目课题“基于唯一性标识编码与公路数字档案相关性的应用研究”（档函〔2014〕114号，项目编号：2014-X-57）的研究成果而编著。

本导则可供公路工程建设、营运期从事工程档案工作的人员使用，也可供市政公用工程专业人员、大专院校师生等参考。

图书在版编目(CIP)数据

公路数字档案编码导则 / 唐修益等编著. — 北京 ：人民交通出版社股份有限公司，2017.2

ISBN 978-7-114-12625-3

Ⅰ. ①公… Ⅱ. ①唐… Ⅲ. ①道路工程—技术档案—档案管理 Ⅳ. ①U415.12

中国版本图书馆CIP数据核字(2017)第036103号

书　　名：公路数字档案编码导则
著 作 者：唐修益　罗　竟　孙盛国　刘　平
责任编辑：曲　乐　李　晴
出版发行：人民交通出版社股份有限公司
地　　址：(100011)北京市朝阳区安定门外外馆斜街3号
网　　址：http://www.ccpress.com.cn
销售电话：(010)59757973
总 经 销：人民交通出版社股份有限公司发行部
经　　销：各地新华书店
印　　刷：北京市密东印刷有限公司
开　　本：787×1092　1/16
印　　张：9.25
字　　数：129千
版　　次：2017年2月　第1版
印　　次：2017年7月　第2次印刷
书　　号：ISBN 978-7-114-12625-3
定　　价：40.00元

课题版权成果之一

中华人民共和国国家版权局

计算机软件著作权登记证书

证书号：软著登字第0996191号

软件名称：公路工程数字化档案管理系统
[简称：公路工程数字化档案管理]
V1.0

著作权人：广西红河高速公路有限公司;广西正和高速公路有限公司;广西宝祥工程咨询有限公司

开发完成日期：2014年11月18日

首次发表日期：未发表

权利取得方式：原始取得

权利范围：全部权利

登记号：2015SR109105

根据《计算机软件保护条例》和《计算机软件著作权登记办法》的规定，经中国版权保护中心审核，对以上事项予以登记。

No. 00738687

2015年06月17日

课题版权成果之二

作品登记证书

登记号：桂作登记-20-2014-A-000299

作品/制品名称：公路数字化档案唯一性标识编码词典

作品类别：文字作品

作　　者：唐修益、罗竞、黄伟、卢德现

著作权人：广西红河高速公路有限公司
广西正和高速公路有限公司
广西宝祥工程咨询有限公司

首次发表时间：未发表

首次出版/制作日期：未出版

以上事项，由　黄伟　申请，经　广西壮族自治区版权局　审核，根据《作品自愿登记试行办法》规定，予以登记。

登记日期：2014年12月12日

登记机构签章

课题依托工程图 1　沥青路面

课题依托工程图 2　那厘右江特大桥桥面铺装沥青路面

课题依托工程图 3　那厘右江特大桥

课题依托工程图 4　清水河大桥

课题依托工程图 5　乔利互通远景

课题依托工程图 6　马山南互通全景

课题依托工程图 7　马山南互通

课题依托工程图 8　边坡码砌

序

广西武宣至平果高速公路(S52)来宾至马山段是广西壮族自治区内首个全面推行数字档案建设的高速公路项目。广西红河高速公路有限公司和广西宝祥工程咨询有限公司从2012年开始,联合开发了《公路数字档案管理系统》软件,为工程档案数字化建设提供了技术保障。

本导则引用的“公路数字档案”,是源于来宾至马山高速公路工程档案信息化建设研究成果的一个新名词。我国数字档案馆研究已经取得不少成果,但对公路数字档案这个领域的研究鲜有报道或文献记载。

公路工程档案建设,收集是基础,管理是手段,应用是目的。工程档案管理需要借助计算机技术。因此,规范公路建设项目归档文件材料的唯一性标识编码是基础。经过反复实践与论证,我们在国内首次创建了“项目代号+属性+类别+流水号”的“四段位”公路工程数字档案唯一性标识编码规则。原著《公路数字化档案唯一性标识编码词典》于2014年12月正式获得广西壮族自治区版权局颁发的“作品登记证书”,著作权人享有永久版权。利用本导则,用户可以轻松将公路工程项目立卷归档文件材料全部赋予“一页(件)一码”,并使其与工程建立良好的相关性,实现计算机一对多、多对一、一对一的档案管理。

广西红河高速公路有限公司在广西来宾至马山高速公路数字档案建设取得初步成果的基础上,与广西壮族自治区档案局联合攻关,研究公路工程数字档案建设,并列入国家档案局2014年度科技项目课题“基于唯一性标识编码与公路数字档案相关性的应用研究”。本导则是课题研究成果的组成部分。

本导则使用的地名,包括少数民族地区的音译地名,直接引用国家、省市行政区划政府部门颁布的代码或编号。高速公路路网代号,则以国家规划的国家高速公路网及各省高速公路网代号为准。限于篇幅,本导则仅收录省、自治区、直辖市、特别行政区及广西各市、县行政区划代码,国家高速公路网及广西高速公路网代码。

交通运输部颁发的《公路试验检测数据报告编制导则》(JT/T 828—2012),制定了试验检测记录及试验检测报告唯一性标识编码规则。它是基于试验报告数据的可追溯性,发挥试验检测数据对工程质量控制的基础作用。其释义手册明确了该规则的标识编码不能作为档案编号,并建议在试验检测记录表和试验检测报告上增加档案编号。

本导则配套的系统(软件)已经将公路常用表格全部模板化。每一张表格的编码由系统自动生成二维码,突破了由"字母码+阿拉伯数字"混合编码位数过多,手工填写困难的"瓶颈"。

本导则经历了河池至都安、马山至平果、南宁吴圩机场至大塘、贺州至巴马(钟山至昭平段)等几个项目,近 600km 高速公路的验证使用。

本导则从 2012 年初稿完成开始,经试用和听取意见,不断修改、完善。课题组最后委托广西交通投资集团有限公司唐修益、孙盛国、黄伟、罗春鸣,广西交通职业技术学院罗竟,广西壮族自治区档案局刘平、覃皓共同承担了本导则的编纂任务。全书由罗竟统稿。

本导则引用了 2014 年度国家档案局科技计划项目课题"基于唯一性标识编码与公路数字档案相关性的应用研究"(项目编号:2014-X-57)的主要研究成果。在此,谨向所有参加项目研究的单位和研究人员表示衷心感谢!

特别鸣谢广西壮族自治区交通工程质量安全监督站原站长、广西公路领军专家梁军林博士,广西民族大学档案学黄世哲博士,广西大学计算机学院黄汝维博士。这三位专家分别从公路、档案、计算机等视角对本导则提出了很有见地的宝贵意见。

总体上来讲,我国公路工程数字档案建设刚刚处于起步阶段。广西来宾至马山高速公路采用"一页(件)一码"的唯一性标识编码,全面推行公路数字档案建设,这在国内尚属首次。突出精细化管理,内业资料标准化是重要组成。本导则依托工程推行的"统一规划,专题培训;首件引航,范本带路;软件开发,跟踪服务;数字档案,引领示范"档案建设模式,公路档案建设推行的"预立卷",对促进数字档案建设起到了极大作用。限于编著者专业水平,本导则的缺点和错误不可避免。我们诚恳地希望广大用户在使用过程中提出宝贵意见,以便我们继续修订,不断提高质量,使得本导则在全国公路数字档案建设中起到应有的作用。

编著者

二〇一七年春于南宁

目　　录

1 引 论

“以信息化带动工业化，发挥后发优势，实现社会生产力的跨越式发展”是我国制定的发展宏伟目标。公路数字档案建设，是互联网时代衍生出来的产物。标识编码是实现公路工程数字档案建设的基础，规范标识编码是档案信息化建设的重要内容。

1.1 数字档案研究的迫切性

1.1.1 传统纸质载体档案消耗大量资源

根据广西各条已经竣工通车的高速公路统计，建设期间每公里工程档案案卷数量为 80～100 卷。每百公里仅原件档案需要库房空间为 100～200m^2。按照副本 2～3 套计算，每百公里需要库房、办公面积 300～500m^2。同时，全天候需要消耗电力，设置消防，消毒，湿度控制、温度控制，防虫蛀，防火灾措施，配置计算机、大批人力，才能确保档案馆工作正常运转，并难以向社会开放。

1.1.2 传统纸质档案没能得到充分利用

现有高速公路工程档案馆(室)提供数据显示，高速公路工程档案利用率非常低。除了项目前期建设单位的报批，政府部门批复的有关文件，施工图设计、竣工图及交(竣)工专项验收，工程结算、决算、审计等文件材料的档案使用频率稍高外，占总档案 50％～70％的工程质保资料鲜有单位或个人查阅。有些档案从进馆到销毁，长达三十年没有被借阅，但耗费着大量的社会资源，更不能让社会分享档案成果。

1.1.3 社会共享档案的实现

数字档案建设贯穿整个项目建设期间。从项目前期工作开始，所有的工程档案建设数字化处理后，从业单位、项目业主均可以通过互联网，在授权许可范围内，检查、对比资料的真实性、可靠性和及时性。同时，工程档案的真实性可得到有效保证，实现对公路建设及运营社会监督的功能。

高速公路具有公益性。全社会分享公路数字档案成果是现代文明的发展趋势。跨区域、跨行业查阅公路工程档案，服务社会，体现公路工程档案的社会公共属性。

1.2 公路数字档案建设

1.2.1 公路数字档案建设的任务和方法

公路数字档案建设，其任务就是将公路工程从立项开始，历经筹建报批期、建设期到营运使用，所收集到的各类表格、文件全面信息化处理，转换为数字格式，利用计算机管理，借助互联网平台，实现公路数字档案，服务于社会。工程档案纸质载体最小单元为页，实物载体档案最小单元为件。数字档案就是将最小单元的每一页或一件载体进行数字信息化，并进行命名。利用计算机管理，能提供多种组卷方式和检索途径；开发计算机管理系统，需要研究制定每一页(件)信息化的唯一性标识编码。这些以字母标识符、阿拉伯数字，按照一定规律组成的编号结构标识，能与路线名称、项目段落、立卷单位、文件材料类别建立关联性，具有为计算机管理提供资源定位、导航、信息交换处理等作用，提供着查询需要的信息。反过来，根据信息属性，可溯源到标识编码，从而找到数字信息，为计算机提供一对多、多对一、一对一的查询管理系统。

对于工程质量数据、原始记录的信息，国内普遍做法是采用格式化表格。我国幅员辽阔，区域差异大，公路投资主体多元化，各省、直辖市公路建设使用的各类记录表格差异非常大。其差异性主要体现在表格类别、格式、栏目、内容设置及表格用语、名称、编号。公路建设投资主体的多元化，行业习惯差异，同一地区内不同的业主所使用的表格也大不相同。同一个建设项目，各参建单位、个人对现行使用的行业标准，规范，规程中某些条文、规定的理解差异，或者纠结于某一功能，实施过程中也随意修改、增删表格。因此，制定适用于全国公路行业的标识编码规则的任务,显得非常重要。

1.2.2 公路数字档案建设的核心问题

查新国内外文献[1],国内外学者多从档案数字化、数字档案馆、数字档案管理、数字档案建设、档案管理数字化、网络档案等方面去研究、诠释公路档案建设。公路领域的工程档案数字化建设有零星的研究,但至今还没有形成完整、精准、系统的公路数字档案学说。

课题将公路数字档案理解为:档案与项目同步标准化建设,及时收集、分析、分类、整理立卷归档文件材料,赋予与文件材料性质相关的标识编码,通过扫描或导入进行数字化处理后,按指定方式录入系统(软件),将工程档案以数字形式存储在计算机、服务器、云存储等设备或空间,开发档案管理系统,利用云存储、互联网平台,全面实现网络档案,建设大众共享平台,在授权许可范围,社会分享公路工程档案,服务社会。

公路数字档案是一个庞大的,集档案、计算机、公路等学科于一体的新领域。公路数字档案涉及以下几个核心问题:

(1)工程档案的研究。档案,是一门古老而新兴的学科。公路数字档案,仍属于档案范畴,应在国家标准,国家档案局、交通运输部颁发的档案相关标准、规范、法规、文件及地方标准(规范)框架下展开研究。

(2)收集、分类、整理立卷归档文件材料。公路工程档案建设,要从项目立项开始,经工程可行性研究、设计、招投标等前期阶段,到实施、交(竣)工阶段,一直延伸至交付使用后的营运养护管理。在这个漫长的档案建设过程中,人事变动、标准规范更新,直接影响到文件材料的收集、归档。因此,项目文件应及时、真实、规范地收集、分类、整理,才能形成档案。

我国各地公路工程档案的分类、整理方法,在总体执行国家标准、国家档案局规范、交通运输部文件的前提下,出于某一目的或日后检索需要,组卷差异性很难避免,很难评判哪一种组卷方法孰优孰劣。因此,数字档案的研究,应允许,也具备多种方式的排序组卷。这是数字档案与传统纸质载体档案不能相提并论的区别。

(3)数字档案标识编码。立卷归档文件材料的"一页(件、卷)一码",必须与文件材料性质相关联。换句话说，编码，要反映立卷归档文件材料的性质，要为计算机软件服务，方便录入、上传，实现多种形式的计算机排序组卷管理，为日后检索查档提供便捷途径。因此，工程档案的标识编码，属于数字档案的管理范畴，不是简单地仅为了区分文件材料而增加的唯一标识编码，或者实现其他目的的标识编码。

(4)数字化处理方式。立卷归档文件材料数字化，就是将传统的纸质载体和实物载体的档案文件材料内容转换为字符符号，使计算机能读“懂”归档文件材料的内容。数字化处理方法很多，如最简单的扫描、拍照；办公软件自动生成的各种文档；人工将纸质载体信息输入计算机；专业软件生成的各类图、表……这些都是数字化处理方式，将纸质载体的传统档案以数字信息的形式表现，实现计算机管理。

数字处理方式的研究，还包括仪器、设备的开发，设计、检验和推广。

(5)公路数字档案管理系统的开发。将数字化处理后的归档文件材料录入、上传到计算机后，必须有一个专门的管理系统，对数字化以后的归档文件材料进行有效的管理，实现多形式组卷，多方式地检索查档。软件必须兼容多种形式的数字化处理方式来获得数字信息。

目前国内已有同类软件开发。但多局限于建设过程中现场资料的数据信息管理。本导则配套开发的《公路数字档案管理系统》首次将标识编码引入系统数据库。

(6)档案标准化建设。标准化建设，除了执行现行档案标准、规范外，包括单位分部分项工序划分软件化，表格统一化，填写方式规范化，用语标准化。尽管现行交通运输部颁发的《公路工程质量检验评定标准》对单位分部分项工程划分进行了统一，但全国各地在实施过程中差异性大，导致划分不一致。表格是日后数字档案查找的关键词之一，但全国各地公路建设使用的表格迥然不同。表格填写也不一样。数字化档案必须建立统一的标准表格，对表格赋予编码，开发智能模板表格。

课题组依托项目工程，开展了档案标准化建设的探索，取得了成果。

(7)基于云存储、互联网等媒介的应用实现。基于云存储、互联网的广泛普及应用，档案管理系统支持网络访问，从而实现了网络档案，支持异地检索查档。云存储是通过集群应用、网格技术或分布式文件系统等功能，将网络中大量不同类型的存储设备通过应用软件集合起来协同工作，共同对外提供数据存储和业务访问功能的一个系统。

公路工程传统纸质档案平均每公里达60～100卷，转换为电子档案达到11GB。广西高速公路规划总里程八千多公里，需要约100TB的存储服务器。全国高速公路规划总里程高达13万公里，再加上国道、省道、县道、乡道，我国公路工程档案浩如烟海。公路数字档案建设，应依赖云存储，使海量数据实现网络档案，建设面向社会或业内的公路数字档案共享平台。

(8)建设面向大众的共享平台。传统的纸质载体档案，鉴于技术、管理等原因，加上跨地域、跨部门、跨行业借阅工程档案，门槛过多、过高，令人“望档兴叹”！公路工程档案所有权属于企业或政府。如何兼顾企业的知识产权、财产所有权、档案的保密性，同时，又要让大众分享，发挥档案的社会功能属性，需对公路工程档案保密级别的分级进行研究。

(9)挖掘工程档案的使用价值。一个项目斥巨资，收集、整理和归档工程档案，应发挥其社会使用价值。但目前的工程档案，其使用价值多数局限于工程建设后期竣工前的各种专项验收、检查、审计。除了建设程序、交(竣)工时间、建设规模、路况等信息常被各级政府、民众查阅外，营运维修中，发挥作用的，多数为竣工图。如何进一步挖掘工程档案的社会利用价值，也是公路数字档案的研究范畴。

1.3　标识编码与数字档案相关性

国内外档案数字化建设，无一例外要研究标识编码。比较著名的中国标准书号、国家药品编码、SICI法、DOI法、PII法等编码研究方法，赋予了每个段位、字符不同的含义。编码所隐含的信息，直接为计算机管理服务。

公路行业编码方法混乱、复杂、不全面。文献[2]规定的编码规则，仅局限于试验检测报告和检测记录，只能作为“表格编号”。文献[4]编码规则非常全面，编码结构各段位所隐含的信息，足以作为计算机管理的信息。但编码结构种类繁多，只能作为数据库采用，不能作为档案管理的“一页一码”。

国内软件开发人员对公路立卷归档文件材料的编码进行过研究。编码仅作为区分材料，数据库使用，没有建立文件材料与标识编码的关联性。

综合国内外的编码分析，针对公路工程档案的编码方法、规则，立卷归档文件材料所赋予的唯一性标识编码，与工程档案的相关性研究不多。国内的编码研究，目前多数只是为了区分文件材料而编码，不能与文件材料经数字处理后的录入、上传、责任单位、分类、组卷、检索、查考建立良好的相关关系。因此，有必要综合各种编码方法，创建新的编码技术。

通过对国内公路数字档案、数字化建设，公路档案或竣工文件管理之类软件开发、使用状况，国内外档案标识编码及档案管理、使用的广泛调研，分析公路档案数字化建设中存在的问题及其成因，我们首次提出了基于 Multilevel Coding Tree 模型的公路数字档案“项目代号＋属性＋类别＋流水号”的“四段位”唯一性标识编码技术，解决了数字档案中的相互关联关系；并基于该编码方案，实现了公路数字档案管理系统，应用于依托工程档案管理中。本课题首次利用二维码识别技术在公路数字档案中的二次开发应用，开发了智能模板表格。课题提出的公路数字档案概念、内涵，为公路档案数字信息资源建设和档案信息资源服务提供理论方向，并为公路数字档案建设提供档案信息资源建设与档案信息资源服务的理论指导与最佳实践模式。

1.4 导则应用说明

本导则以方便计算机管理公路档案检索为出发点，以充分考虑公路档案格式化表格为主导，资料数量庞大，采用扫描或导入方式的数字化建设，制定了“项目代号＋属性＋类别＋流水号”的四段位标识编码规则，推行“一页（件、卷）一码”，开发管理软件，充分发挥互联网、云存储的作用，实现了远程、异地的自动编码、录入，可供选择的多样性组卷和多途径检索功能。

（1）适用范围。本导则编码范围基于交通运输部 2010 年颁发《公路工程竣（交）工验收办法实施细则》（交公路发〔2010〕65 号）[5] 及《公路建设项目文件材料立卷归档管理办法》（交办发〔2010〕382 号）[6]，适用于公路档案标识编码。

(2)公路网路线代号。本导则直接采用国家高速公路网、省高速公路网、国道、省道的公路网固定代号。其他县道、乡道及村道公路因规划调整频繁，其公路网代号难以达到全国或各省统一，有些村道甚至没有编号，推广数字档案建设时，其编码规则可参考本导则。

(3)材料分类。本导则将立卷归档文件材料划分为单位分部分项工序类、年度批次类、散装类、声像类和其他类，并依次收录这五大类文件材料的编码。

(4)分类依据。本导则依据交通运输部的相关文件、标准、规范，按照文件材料相似性原则，明确规定各类文件材料编码方法。

本导则条目安排上，优先收录档案基本组成编码，其次再编排归档文件材料的编码。

会计、党建、人力资源、行政文书往来文件等材料不属于公路工程项目文件材料立卷归档范畴，其编码方法可参考本导则。

港澳台等地区的公路工程档案文件材料标识编码暂缺。

为便于查阅，本书附有《国家高速公路网路线命名及编号》等附表。

本书范例，均源于广西武宣至平果高速公路(S52)来宾至马山段的数字档案实际案例。

2 标识编码的制定原则与结构

2.1 标识编码的制定原则

数字档案管理，其基本途径就是通过对每一卷的档号编码，卷内目录每个文件的编码及每一页(件)赋予的编码，建立树枝状的系统，为计算机实现一对一、一对多、多对一、多对多的档案管理提供途径。这些标识编码所隐含的信息，也是计算机检索、查档的关键词。因此，编码是计算机档案管理至关重要的核心手段。编码应体现以下基本原则。

2.1.1 唯一性原则

编码是为了区分档案树枝状构架中，各结点、树杈、树叶。因此，编码必须是唯一的。唯一性包括以下几个方面。

(1)项目代号的唯一性。公路路网代号，省级行政区划代号，项目路段起讫位置地名拼音首字母组合，或起点(终点)地名拼音第 1、2 个字母＋终点地名(或起点)第 1 个拼音字母组合，这三级组成的项目代号，均可保证唯一性[7]，故可使项目代号字段保证唯一性。

(2)属性的唯一性。属性，也即立卷单位。属性代号采用数字标识方式来确保唯一性，立卷单位类别和立卷单位类别顺序号组合，可保证唯一性。

(3)类别的唯一性。本导则将立卷归档文件材料划分为单位分部分项工序类、年度批次类、独立成册的图纸、文件散装类、声像类及其他共 5 大类，采用字母码＋阿拉伯数字组合，隐藏不同的信息。借鉴国内外相关领域先进成熟的标准，课题采用概率分析法、反证法、试验验证法，确保了文件材料类别编码方式的唯一性[7]。

(4)流水号的唯一性。数字对象唯一标识符，多沿用现实世界中的物品唯一标识符的形式，按照流水号或者内部 ID 号来标识其数字对象。由于项目代号、属性、类别所确保的唯一性，在添加流水号字段来标识总案卷的自然流水排序号后，整体编码仍然具备唯一性特征。

2.1.2 相关性原则

案卷与案卷之间，卷内目录与归档文件材料之间，具有有机的联系。每个案卷的归档文件材料，按照其形成规律、问题类型、时间先后、重要程度等方式组卷，使得案卷成套性强，便于查考利用。案卷各组成部分的编码也必须具有相关性。

(1)编码与文件材料录入、上传的相关性。每一个项目文件的文件材料数字化处理后，通过导入、扫描等方式，每一页均采用其编码作为文件名，属性中赋予信息内容的关键词段。以编码所含的信息作为指定存储空间，将数字化文件材料依据编码位置而存储，为其他功能服务。文件的录入、上传离不开文件材料的编码。反过来，唯一性标识编码为文件的录入、上传、存储路径及数据库提供了便捷途径。

(2)编码与文件材料的排序、组卷的相关性。各地不同的项目之间项目文件的文件材料分类、组卷方式差异很大，有的项目采取同一个分项(部)同类表格集中一卷；有的项目将工作指令及反馈文件按照编号顺序集中组卷；也有的项目将工作指令及反馈文件分发到相应工序或分项工程质保资料；还有的项目将工作指令按照单位分部分项划分，拆散组卷。各种组卷方式，均基于某一特定需要，有着存在的合理性，很难统一成唯一的一种组卷方式。

传统的纸质档案，只能按照一种指定方式进行文件材料的排序、组卷。利用编码作为文件名的数字档案，可以按照用户的需要，进行各种形式的排序、组卷。同一份文件材料可以在不同的组卷方式中反复调用。

编码与计算机的结合，解决了与文件材料排序、组卷的相关性问题。

(3)编码与文件类别的相关性。公路工程档案归档文件材料数目繁多。通过整理、分析，编码应能区分单位分部分项工序类、年度批次类、散装类、设计竣工图表类、声像类和其他类。交通运输部《公路建设项目文件材料立卷归档管理办法》(交办发〔2010〕382 号)规定了公路工程文件材料立卷归档类别、范围[6]，档案编码要与部颁要求对应。

(4)编码与档案检索的相关性。编码中隐含了大量的可供检索的信息名称。

同时录入时添加了编码隐含以外的辅助信息，为各种检索查询方式提供了积极便利。所有这些，均与项目文件归档文件材料的编码建立关系。

2.1.3 通用性原则

编码应适应不同业主、不同地域的公路工程档案管理。编码规则应站在全国高度，着眼于全国统一推行。

同时，整个编码系统，要按照归档文件材料类别，采用不等长编码。但同一类型的文件材料，应确保等长字符编码。

2.1.4 简洁性原则

编码要考虑因素很多，如项目名称、路线名称、所在地区、归档单位、归档文件材料类别、时间等。如果编码考虑所有这些因素，将导致段位太多，或者字符数量太长，难以推广。因此，简洁性是衡量编码能否推广的重要评价指标。

本导则将二维码技术引入编码，全部实现计算机自动生成标识编码或二维码，避免了人工编写编码而可能出现的错误。

外来文件往往有主件、附件，页数多于一页。本导则支持外来文件第1页完整编码和生成二维码，第2页开始，继承第1页的前三段编码，第4段位流水号从002开始，直至该文件的最后一页，加以区别。

2.1.5 动态性原则

工程档案最终为公路养护、维修、管理服务，其他建设项目借鉴作用，服务社会。建设期间的编码，应能在今后营运中使用，一直延续到档案的生命周期。同时，营运公司在养护过程中，所产生的资料，在系统中能延续原来的编码规则，对营运期间形成的资料进行编码。

2.1.6 可扩性原则

利用本导则的编码方法，对于有些文件材料，可根据各地习惯将数字档案的编号与建设过程中的文件编号融为一体，四段位中的类别段位可以适当扩充或缩减代码，或直接引用原来的文件编号。如年度批次类文件材料中的外来文件，其来文编号直接作为类别编号的编码组成。工程变更的，可以增加重大变更C、较大变更 B 和小变更 A 作为代码组成。

系统开发过程中，可能有很多因素尚未考虑。日后使用过程中，其编码应具有可扩性，同时，能为土建类工程档案提供编码参考、借鉴作用。

2.2　标识编码的结构

数字档案和计算机管理，其必要条件是实现归档文件材料所有项目文件“一卷、一页(件)一码”。其核心问题是要找到每一案卷、每一页的干支拓扑关系。案卷封面、卷内目录、格式化表格文件材料和非表格化文件材料，其唯一性标识编码，均归结由“项目代号＋属性＋类别＋流水号”的“四段位”组成。

本导则制定了“项目代号＋属性＋类别＋流水号”四段位方式的编码规则。据此规则可定位任何表格、文档、文件、档号的唯一性标识编码，并能溯源求根，与工程性质建立相关性，为计算机管理、实现公路数字档案提供了便捷途径。

2.2.1　项目代号

项目代号表征了建设项目所在的公路路线名称，所在的省份及建设路段的起讫地名位置。交通运输部，各省、直辖市已经对规划批准的国家高速公路网和各省高速公路网进行了统一编号，定义代号。附录 A 为国家高速公路网路线命名及编号。附录 B 为广西省级高速公路网路线命名及编号。如，广州至昆明高速公路(国家高速公路网)代号为 G80；广西武宣至平果高速公路(省高速公路网)代号为 S52。各省高速公路网中的编号，均采用字母 S 和数字组合，汇总起来，出现重名现象。各省建设的每条高速公路，一般划分为若干建设路段及营运公司，如 G80 广州至昆明高速公路，广西境内就划分为广西苍梧至广东郁南段，岑溪至梧州段，岑溪至兴业段，兴业至六景段，六景至坛洛段，坛洛至百色段，百色至罗村口段。因此，项目代号应分三级，即第一级为路线代号，如 S52、G80；第二级为省、自治区、直辖市、特别行政区的字母码，按中华人民共和国国家标准《中华人民共和国行政区划代码》(GB/T 2260—2007)规定，如广西为 GX，山西为 SX，陕西为 SN，湖南为 HN，海南为 HI，河南为 HA。第三级为建设项目具体段落代号，采用路段按照由东至西、北至南的起、讫位置地名拼音首字母码组合。LM 标识来宾至马山段。

省、自治区、直辖市境内同一条公路可能出现起讫地名首字母组合同名。此时，起点或终点地名第二个字母加入组合，如：来宾至马山段（LAM）。这样使地名拼音组合重名现象得到有效消除。

三级代码组合起来就是项目代码。例如，省级高速公路网广西武宣至平果高速公路来宾至马山段整个项目代号为 S52GXLM；国家高速公路网广州至昆明高速公路广西岑溪至兴业段的项目代号为 G80GXCX。

根据国家行政区划代码标准，字母码采用汉字地名的罗马字母拼写。内蒙古、新疆、西藏等地区的地名以蒙语、维吾尔语、藏语命名时，罗马字母拼写采用民族语言音译转写。

限于篇幅，本导则仅收录广西壮族自治区高速公路网编号，作为资料性附录。

2.2.2 属性

属性特指立卷单位。交通运输部 2010 年颁发的 65 号（交公路发〔2010〕）、382 号（交办发〔2010〕382 号）文件均对各参建单位的归档范畴、立卷单位作出了明确规定。属性代号划分为两级，第一级代码为对应 65 号文件附件 2 的综合文件、决算和审计文件、监理资料、施工资料和科研、新技术资料共 5 个部分，再增加通车后营运公司，共 6 个部分的数字代号。

第二级代码为立卷单位顺序号，同时也表征案卷的段落属性。参建单位划分为项目业主、各总监办、各标段或分部（工区）。经过调查，任何一个建设项目，其标段划分，不会超过 99 个标段。故立卷单位的代号按路线前进方向划分段落，采用两位流水号。整个属性代号由两级累计 3 位数代号，如第三总监办的资料属性代号为 303，土建一标为 401。

项目业主为唯一业主时，其编码为 100。联合业主则依据股东的权重，分别为 101、102……

2.2.3 类别

交通运输部的 65 号文件附件 2 中每一部分又划分为若干层次的纲。研究分析发现，各类资料不同，也同样划分为两个级别代码。第一级类别代码为 65 号文件的各部分第一层次的纲。第二级类别代码为文件材料类别型号。任何一份文件,均可归入以下5大类的其中一类。

(1)单位分部分项工序类。监理、施工单位所收集的各工序成品验收、质量检验评定,中间交工证书,施工原始记录,工程变更等文件材料,其明显特征是任何一张表格或文档,脱离不了其所依附的单位分部分项工序。这些文件材料的编码方式归列为单位分部分项工序类。

(2)年度批次类。标准试验,文件材料试验,工地会议纪要,监理工作指令及反馈,土地征用,分期计量,工程管理文件,监理旁站记录,工程交(竣)工文件,项目施工日志,项目监理日志,项目巡视记录,天气、温度及自然灾害等文件材料,均归属于这一类别。

工作指令及反馈、工程变更等文件材料在建设过程中往往按照年度批次临时组卷,但从今后检索查考便利的角度出发,归入单位分部分项工序更为合适,因此,编码应归入单位分部分项工序类别。

(3)散装类。项目建议书,工程可行性研究报告,招(投)标文件,审计报告,财务结算文件,工程决算文件,监理规划,(建设、施工、监理、监督、设计)工作总结,初步设计、施工图设计、工程变更图纸、竣工图等文件材料,其本身每一页已经有图号或页码,每一册已有目录,归入为散装类。

(4)声像类。声像类属于特殊载体的档案,目前多以数码相机拍摄的照片,晒像实体后用专用照片册装。录像也多刻录到光盘保管。

(5)其他。有些文件材料,无法归入上述范围,则采取灵活方式。如通道两端引道的涵洞、土方,属于线外工程;为当地老百姓造福的一些项目。

2.2.4 流水号

记录每一卷、每一件乃至每一页的流水号。封面的档号,其流水号为本案卷在总案卷的排列序号;卷内目录的流水号,则为序号的流水号;每页(件)的流水号,则为该类别文件材料的页数流水号;照片流水号则为照片顺序号。本导则定义案卷档号的流水号,根据数量多少,定义为2~4位数。

构成案卷组卷文件材料的卷内目录、项目文件,其每页或每件,均要重复该案卷的档号。鉴于线装类案卷,其封面与卷内目录、归档文件材料已经装订成一卷,本导则的归档文件材料不重复档号的案卷流水号。但本身已经成卷成册的文件材料，采用散装形式组卷的案卷，每一件或页则需要重复档案的流水号。

为了确保编码的延续性、清晰性，方便计算机定位，各段位之间，除案卷档号的流水号用半破折号或办公软件特殊符号中标点符号的"—"分隔外，其他段位之间用特殊符号中标点符号"·"或半破折号"—"将各段位分隔，以示区分段位，并利于计算机查询。

交通运输部颁发的《公路试验检测数据报告编制导则》(JT/T 828—2012)，仅对目前常用的每一张试验表格规定了7位数（试验记录表）和8位数（试验报告）的表号，但没有对其他表格编码作规定。且释义手册明确规定其编码不能作为档案编号。本导则表格表号统一规定为4位数(2位字母码+2位数流水号)。当直接采用交通运输部推荐的表格编号作为档案编号中的表号时，可以采用换算方式，将其表号转换为本导则定义的表号。

需要指出的是，本导则所定义的唯一性标识编码，属于档案管理范畴的编号，不同于交通运输部《公路试验检测数据报告编制导则》(JT/T 828—2012)推荐使用的各类试验表格的身份识别编码和表号的唯一性标识编码。实际操作中，工程质量检验报告单、监表、检测表、施工原始记录表、施工监理日志、巡视记录等表格，标题栏右上角的编号，可以直接采用本导则推荐使用的编码。并且，课题开发的系统（软件）中已经具有在原始空白表上自动生成编码的功能，使得实体编码与网上档案编码相一致，减少工作量。

3 项目代号的编码

项目代号划分为三级。第一级为高速公路、一级公路或其他公路的路线代号。第二级为省、自治区、直辖市、特别行政区的代码。第三级为建设项目的路段代码。

3.1 项目代码的组成

(1)公路路线代码。公路路线代码是指公路路线编号在全国信息共享与交换时,为保证其唯一性而规定的代码。我国交通运输部编制了国家高速公路网和编码规则[8]、公路行政等级代码[9]。各省、自治区、直辖市编制了省级高速公路网和编码规则。

表 3-1 为《公路数据库编目编码规则》(JT/T 132—2003)中公路行政等级代码表。

公路行政等级代码　　表 3-1

代码	名称	代码	名称	代码	名称
G	国道	X	县道	Z	专用公路
S	省道	Y	乡道		

文献[4]规定了国道、省道、县道、乡道和专用公路的编码方法。如国道编号以省、自治区、直辖市行政区域为范围编制系列顺序号。系列顺序号第一位标识符采用 GB/T 917—2009 规定的公路行政等级代码“G”;第二位“0、1、2、3”分别标识国道的主干线和东西横线;第三、四位应按这四个系列对应编制两位数字顺序号。省道编号则以省、自治区、直辖市行政区域为范围编制系列顺序号。系列顺序号第一位标识符采用 GB/T 917—2009 规定的公路行政等级代码“S”;第二位“1、2、3”分别标识省道的省会放射横线;第三、四位应按这三个系列对应编制两位数字顺序号。省道的环城线编号需要与放射线编号加以区别时,可编入第二位标

识为“1”的编号系列中的某一特定编号区间。

路线代码结构如图3-1所示。

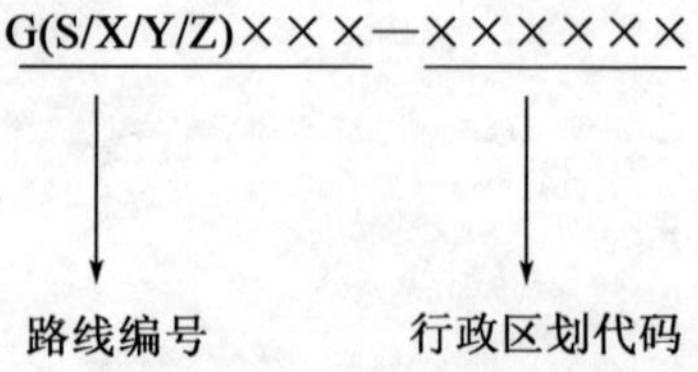

文献[4]及各省公路行政主管部门可以查到国道、省道、县道、乡道主干线名称及编号。

图3-1 路线代码结构

高速公路的路线代号采用特定的编码规则[8]。编码结构采用汉语拼音字母标识符G(国家高速公路网)或S(省级高速公路网)+阿拉伯数字编号组成混合编码。数字依据路线的走线而作出了具体的规定[8]。如首都放射线编号为1位数,由正北方向开始,顺时针升序编排,编号区间为1～9。纵向路线编号为两位奇数,由东向西升序排列,编号区间为11～89。横向路线编号为两位偶数,由北向南升序排列,编号区间为10～90。

一个省(自治区或直辖市)境内有可能出现两条或两条以上公路编号相互重叠的路段,其代码应以公路管理等级高的编号为准。如国道与高速公路重叠,则选择高速公路编号代码。当公路等级相同时,以编号小的路线编号为代码。如G80与G72在广西境内的六景至南宁段重叠,其编号选用G72作为代码。

本课题直接引用国家、行业、各省、自治区的关于高速公路、国道、省道、县道、乡道的公路路线代码。

(2)行政区划代码。省高速公路网、省道、县道、乡道的公路路线代码在全国范围内可能出现重名。因此,在路线代号之后的第二级,应明确公路所在的省、自治区、直辖市、县、乡的行政区划。

中华人民共和国国家标准《中华人民共和国行政区划代码》(GB/T 2260—2007)规定了县级及县级以上行政区划的数字代码和字母码。数字代码则采用三层六位层次码结构,依次标识省级、地市级和县级。字母码采用汉语地名的罗马字母拼写。省、自治区、直辖市、特别行政区数字代码及字母码在文献中有明确规定[9]。

高速公路、国道在本地区的级别应高于省道、县道和乡道。因此,每条高速公路、国道所穿越的行政区划代码取省、自治区、直辖市、特别行政区的字母码作为标识码。

省道跨越所在省范围内的若干市、县，但在一个省内是唯一的。地名代码取省、自治区、直辖市行政区划代码[10]。

县道、乡道跨越的行政区划通常为所在的县、乡范围。一个省范围内可能有重复的县道编号。因此，路线所在行政区划代码应采用省级代码＋县级代码。如广西乐业县县道790，行政区划代码为GXLYE[11]。即使县道跨越地级市或县，有了县级的代码，明确了区划，路线具有了唯一性代码。

(3)项目起讫地名代码。公路建设通常以所在的省、市、县或乡为起讫分界，分段落建设，每个段落为一个建设项目。如G80广州至昆明高速公路广西境内就划分为广东郁南至广西苍梧、岑溪至梧州、岑溪至兴业、兴业至六景、六景至南宁、南宁至坛洛、坛洛至百色、百色至罗村口等建设项目。

按照行业习惯，依照路线由北向南，由东向西的前进方向，项目起讫位置的地名第一个中文组合作为建设项目的简称，如坛百路指南宁坛洛至百色高速公路，兴六路指兴业至六景高速公路。

本课题研究的项目代号第三级采用路线起讫地名拼音首字母组合，如来宾至马山段高速公路的地名首字母组合为“LM”。

这种采用地名首字母组合，在一条穿越若干省的公路范围内有可能出现重名现象。此时，可以采用起始地名的前两个字母＋终点地名首字母组合。

一个省内的独立公路，如省级高速公路、县道，建设路段起讫地名首字母组合重名时，也可采取起始地名首字母＋次字母＋讫点地名首字母组合，以消除地名拼音组合重名。

本课题采用概率分析、试验测试和命题证明等手段，分析本课题创建的“四段位”的唯一性标识编码。课题组选取全国29个省、自治区、直辖市的2315个地名和途经以上地区的592条高速公路的数据进行试验分析。分析结果显示[7]，采用起讫地名拼音首字母组合代码的重复率最大为$4.8\times10^{-3}\%$，说明有重名现象；采用起始地名拼音第1、2个字母＋终点地名拼音首字母组合代码的重复率降低到0。在实际的应用中，采用路段起讫位置地名的第1个字母码组合，或者起点地名拼音第1、2个字母与终点地名第一个拼音字母组合，可以消除重复现象，代码的唯一性得到了保障。

3.2 项目代号范例

项目代号划分的三个级，通过下面范例加以说明。

范例1：省道S52广西武宣至平果高速公路来宾至马山段建设项目。其项目代号编码为：S52GXLM 。代码中：

S52——第一级代码，省高速公路网武宣至平果高速公路。

GX——第二级代码，广西壮族自治区。

LM——第三级代码，来宾至马山段。

范例2：国道324线福州至昆明广西容县至玉林段一级公路改建工程。其项目代号编码为：G324GXRY。代码中：

G324——第一级代码，国道324线福州至昆明。

GX——第二级代码，广西壮族自治区。

RY——第三级代码，容县至玉林段。

范例3：省道317线广西河池市南丹县至百色市乐业县纳良至乐业公路改建工程。其项目代号编码为：S317GXNL。代码中：

S317——第一级代码，省道317线河池市南丹县至百色市乐业县。

GX——第二级代码，广西壮族自治区。

NL——第三级代码，纳良至乐业段。

范例4：县道X790广西乐业县同乐至大石围公路提级改造工程，其项目代号为X790GXLYETD 。代码中：

X514——第一级代码县道514。

GXLYE——广西乐业县。

TD——同乐至大石围。

范例5：柳州至南宁高速公路"四改八"扩建工程，其中宾阳至南宁段是G80广州至昆明高速公路与G72泉州至南宁高速公路重合。按照取小原则，宾阳至南宁段的路线代号为G72，宾阳至南宁段的项目编码为：G72GXBN。代码中：

G72——第一级代码，国家高速公路网泉州至南宁高速公路。

GX——第二级代码，广西壮族自治区。

BN——第三级代码，宾阳至南宁段。

范例6：桂南二线的柳州经合山、上林至南宁的第二通道高速公路，按照广西高速公路网规划，其路线代号为S51。项目编码为：S51GXLN。代码中：

S51——第一级代码，广西高速公路网桂林至南宁二线高速公路。

GX——第二级代码，广西壮族自治区。

LN——第三级代码，柳州至南宁段。

当遇到省高网与国高网重叠路段时，路线代号取国高网。

4 立卷单位的编码

4.1 立卷单位标识编码

立卷单位的代码,属于“四段位”中“属性”段位,划分为立卷单位类别及段落两级。

4.1.1 立卷单位分类及代码

公路工程从业单位通常有项目法人业主、设计、监理、承包人、科研、营运公司共6类单位(咨询服务、材料供应商归入承包人;中心试验室归入监理)。交通运输部65号文件[5]将公路工程档案依次划分为第一部分综合文件,第二部分决算和审计文件,第三部分监理资料,第四部分施工资料,第五部分科研、新技术。其中第一、二部分文件材料、设计单位及科研单位提供的文件材料,其立卷归档工作通常由项目法人业主单位负责。工程档案文件材料的立卷单位,一般只有项目法人业主、监理、施工、科研和营运公司共5家单位。本导则采用阿拉伯数字,分别赋予其代号如表4-1所示。公路通车营运后,营运单位形成的归档文件材料,也要赋予编码,设6为代号。

归档文件材料的类别及代号 表4-1

资料类别	综合文件	决算和审计文件	监理资料	施工资料	科研、新技术	管养资料
立卷单位	项目业主	项目业主	监理	承包人	项目业主	营运公司
一级代号	1	2	3	4	5	6

注:项目法人业主的代号,按照交通运输部交发办〔2010〕65号文件附件2赋予代号。

4.1.2 立卷单位或段落顺序代码

(1)项目业主流水号。属性中的第二级为立卷单位顺序号,同时也表征案卷的段落属性或性质属性。通常，一个项目中，项目业主往往只有一个。多个企业或企业和个人合资型组建项目业主时，本导则称之为联合业主。

项目业主整理的第一部分综合文件、第二部分决算和审计文件及设计单位收集的资料，其内容范围为整个建设项目。流水顺序号统一定义为“00”，完整的立卷单位代码为100。

联合业主的立卷单位代码流水号，01标识为第一大股东整理的案卷立卷单位流水号代码；02标识为第二股东整理案卷立卷单位流水号代码，依次类推。

范例：S52广西来宾至马山高速公路，由广西交通投资集团和广西新发展交通集团共同投资，联合组建项目指挥部。广西交通投资集团的案卷立卷单位属性代码为101。广西新发展交通集团的代码为102。项目前期的公共文件材料，其案卷单位属性代码为100。

(2)业主资料在属性代码的区分。业主资料往往进一步划分为共性资料和段落或地籍资料。项目前期的项目建议书，设计文件，上级的批复文件等文件材料属于共性。征地拆迁、结(决)算等文件材料则属于地籍或段落资料。区分这类文件材料的方式，可以通过在文件材料录入时，“属性”栏添加地籍、段落关键词。或者在生成二维码前，添加地籍、段落等信息，与标识编码一起生成在二维码中。

范例：广西来宾至马山高速公路综合文件中的“征地拆迁资料”，由于案卷数量庞大，地籍性强，查考多以县、乡、村为对象，在添加属性关键词时输入各县、镇、村等地籍名称及路线桩号。

4.2 监理流水号

监理模式目前通常有一级监理和二级监理两种。中心试验室既有隶属于各监理，也有业主单独招标，独立组建。

(1)中心试验室流水号。通过单独招标，独立组建的中心试验室，其收集整理的案卷资料，立卷单位流水号定义为“00”，完整的代码为300。隶属于总监办，或驻地办的中心试验室，其所收集整理的案卷资料，立卷单位流水号定义与总监办或驻地办一致。

(2)监理档案流水号。一级监理或者二级监理设置监理模式，每个总监办(驻地办)直接监理一个标段或若干标段,立卷单位的流水号设置,应与标段的流水号设置相一致。

值得注意的是,监理立卷单位的流水号与标段流水号一致后,与总监办或驻地办组建的顺序流水号含义不同。录入时,需要添加施工或监理单位、桩号、任务等信息。

范例:S52 广西来宾至马山段,第一总监办监理 1-1 分部和 1-2 分部及房建工程。1-1 分部仅仅承建土建部分。1-2 分部除承建土建外,还承担 1-1 分部范围的路面工程、合山连线。标段的定义,1-1 分部、1-2 分部、合山连线、房建的流水号依次为 01、02、05、11。第一总监办对上述标段资料的完整代码依次为 301、302、305 和 311。总监办的归档材料,有些属于共性的文件材料,如会议纪要、监理实施大纲。本导则将这些共性材料属性统一归入 301。

值得注意的是,302 不是第二总监办。第二总监办的编码,应对应第二总监办监理的施工单位统一流水号。

4.3 施工流水号

施工单位的流水号与监理资料立卷单位流水号相一致。流水号可以直接采用施工单位的标段流水号。

有些项目单独对土建工程、路面工程、交通安全设施、机电工程、绿化工程、房建工程分别招标,其标段通常命名为土建 1 标,土建 2 标……路面 A 标,路面 B 标……交安 1 标,交安 2 标……房建 1 标,房建 2 标……为保证属性编码的唯一性,二级属性统一采用数字标识。定义各类标段排序次序,将各种专业标段转换为流水标段和段落。习惯地,土建标排列在最前面,依次为路面工程、交通安全设施、机电工程、绿化工程、房建工程……土建标段最后一个流水号为 ij,接着路面 A 标的流水号为($i+1$,$j+1$),依次类推,将所有标段全部转换为流水号形式。软件系统录入时,系统自动将诸如路面 A 标、交安 1 标、房建 5 标转换为数字标段流水号。

资料录入时,按照路面 A 标来输入信息。软件会自动转换为数字流水号。

4.4 立卷单位编码范例

立卷单位标识编码包括类别和顺序号。通过几个工程实例，分别说明各立卷单位的编码。

范例1：S52广西武宣至平果高速公路来宾至马山段采用总承包方式，下设1-1、1-2、2、3分部，合山连线和上林连线，三个总监办。其中第一总监办监理管辖1-1、1-2分部。1-1分部仅施工土建工程。1-2分部除施工土建外，还承担1-1路段及自身土建范围的路面工程。交通安全设施全线一个分部。房建工程全线一个分部。全线各参建单位承包的任务及转换段落流水号代号如表4-2所示。

各参建单位划分表 表4-2

标段	土建1-1	土建1-2	土建2	土建3	合山连线	上林连线	路面工程1
流水代号	01	02	03	04	05	06	07
标段	路面工程2	路面工程3	交通安全设施1	交通安全设施2	交通安全设施3	合山交通安全设施	上林交通安全设施
代号	08	09	10	11	12	13	14
标段	机电工程1	机电工程2	房建工程1	房建工程2	房建工程3	房建工程4	绿化工程
代号	15	16	17	18	19	20	21

将表4-2中施工标段立卷单位代码及对应监理立卷资料代码整理，如表4-3所示。

部分立卷单位代码 表4-3

标段名称	承担任务	里程范围	施工单位编码	总监办排序	监理单位编码
1-1	主线土建工程	K233+770～K251+000	401	No. Ⅰ	301
1-2	主线土建工程	K251+000～K268+930	402	No. Ⅰ	302
	合山连线	LK1+237.327～LK28+540	405	No. Ⅰ	305
	主线路面工程	K233+770～K268+930	407	No. Ⅰ	307

从表4-3中可以看出，总监办的中标排序与监理归档文件材料立卷单位的排序可以不一致。

范例 2:S52 广西武宣至平果高速公路来宾至马山段项目业主广西红河高速公路有限公司联合广西壮族自治区档案局向国家申请科研课题。“基于唯一性标识编码与公路数字档案相关性的应用研究”列入国家档案局 2014 年度科技项目。所收集、整理的文件材料,案卷立卷单位代码为 501。立卷整理归档工作,仍由项目业主负责整理归档。

范例 3:S52 广西武宣至平果高速公路来宾至马山段项目业主收集、整理 2 分部上林连线的征地拆迁资料。立卷单位的编码为 100。录入时,通过计算机文档窗口“属性”输入上林连线具体的镇、村、桩号,同时生成二维码加以区分。

5　单位分部分项工序工程的编码

公路工程立卷归档文件材料中，与单位分部分项工序相关的资料所占的比重最大，也是今后查考的重点，是“四段位”编码中的类别组成之一。

为统一位数，单位、分部、分项工程统一用3位数。最左边第1位数依次为单位、分部、分项的代码。右边的两位数为对应的流水顺序码，不足两位时用0补足。

监理单位应与其监理的施工单位的单位分部分项工序工程划分一致，不管一个总监办或驻地办监理一个或几个标段。

5.1　单位分部分项工序的划分

5.1.1　单位工程划分

施工前，各承包人依据现行的《公路工程质量检验评定标准》(JTG F80—2004)，将公路工程划分为路基、路面、桥梁、互通、隧道、环保、交通安全设施、机电、房建共9类单位工程。

这些枝状目录组织关系如图5-1所示。

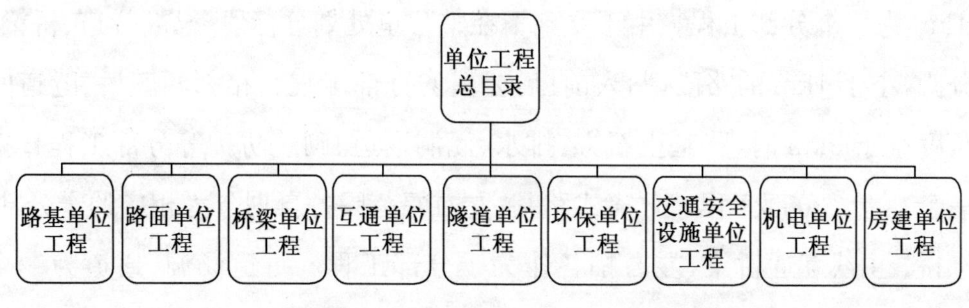

图5-1　各单位工程组织关系图

图5-1中，一般每10km左右长度范围为一个路基单位工程和路面单位工程。小标段直接划分为一个路基单位工程和路面单位工程。当采用大标段、总承包方

式时，应以每 10km 或作业分部、工区为一个路基单位工程。每座主线跨河的中桥(含中桥)以上桥梁为一个独立的单位工程，左右幅划分为子单位。主线下穿式天桥，一般作为小桥，归入路基单位工程的分部工程。每处互通为一个单位工程。互通范围的桥梁，每座为一个分部工程。每道隧道为一个单位工程，左右幅各为子单位。交通安全设施通常每个标段为一个单位工程。采用大标段时，以 20km 左右或一个作业分部、工区范围为一个单位工程。

5.1.2　分部工程划分

每个单位工程下面再划分为若干分部工程，路基单位工程与各分部工程组织关系如图 5-2 所示。

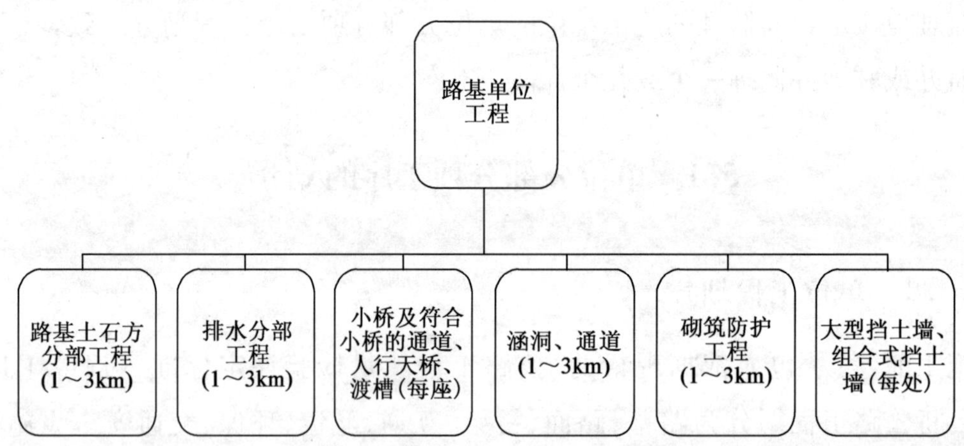

图 5-2　路基单位工程与各分部工程组织关系图

图 5-2 中，以 1～3km 为范围划分段落的分部工程，高速公路、一级公路原则上以 1km 为一个分部工程。由于受到不在整公里处划分标段分界、隧道、桥梁、互通的分割，小于 1km 的路段，归入前、后公里的分部工程。相邻两座桥、隧道间的路线长度小于 3km 时，路基土石方、排水、涵洞通道、砌筑防护等分部工程直接划分为一个独立的分部工程。分离式路基，左右幅范围各自划分为相应的子分部。

小桥、主线互通桥梁，左右幅各作为子分部工程。每道涵洞、通道为一个子分部。

交通安全设施的各分部工程，以标段起点至第一处互通起点，互通起讫范围，互通讫点到下一互通起点，最后一处互通终点至标段终点范围，各作为独立分部工程范围。当相邻两互通范围主线长度超过 10km 时，中间应断开增加分部工程。

桥梁等其他单位工程与其所直辖的分部工程组织关系类似图 5-2 所示。

5.1.3 分项工程划分

每个分部工程下面再划分为若干分项工程。以路基土石方分部工程为例，其组织机构关系如图 5-3 所示。

以 1～3km 为划分范围的分项工程，高速公路、一级公路原则上以 1km 为一个分项工程。受到标段分界于非整公里影响的路段，隧道、桥梁、互通的分割影响的路段，小于 1km 的路段，归入前、后公里的分项工程。相邻两座桥、隧道间的路线长度小于 3km 时，作为相应一个独立分项工程。

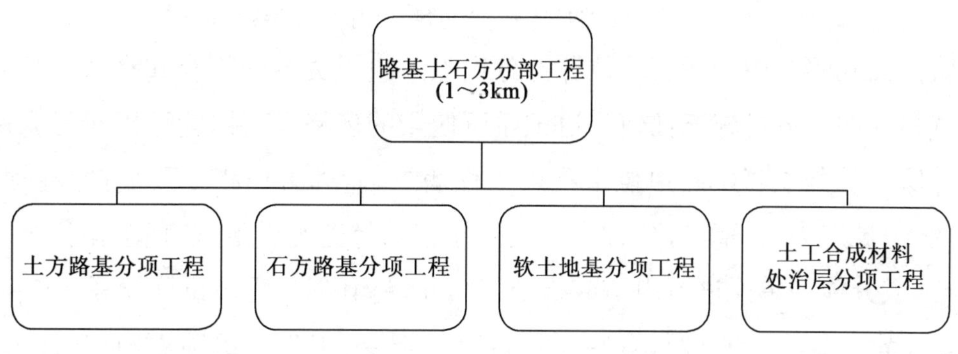

图 5-3 路基土石方分部工程与各分项工程组织关系图

现行评定标准附录 A 中，凡是不能直接评分的分项工程，如互通匝道中“路基”、“路面”等分项工程，划分为子分项后再评分。

分项、分部、单位工程的划分，要有“相对”概念，不要拘泥于整公里、整标段、单个结构。特别是桥梁、隧道等结构工程，分项工程原则上按结构构件和施工阶段划分。有些分项工程的划分，具体施工时才能准确确定，如隧道工程中的洞身开挖、锚杆支护；桥梁梁板安装，左幅全部一起评定，或者以一联多跨作为一个分项评定，都是合理的评定方法。有些分项工程以小单元评定，或者合并评定，也是容许的，如每个墩台的垫石，可以将具体检测数据合并为一个分项工程评定；再如同类结构形式的急流槽，既可以一道作为一个分项评定单元，也可以将整公里范围的急流槽检测结果合并评定。

特大桥的单位工程、分部工程的划分可根据具体情况确定。

5.1.4 工序或部位工程划分

每个分项工程下面再划分为一道或多道工序，构成最小枝状目录单位。图 5-4 为土方路基分项工程的工序划分。

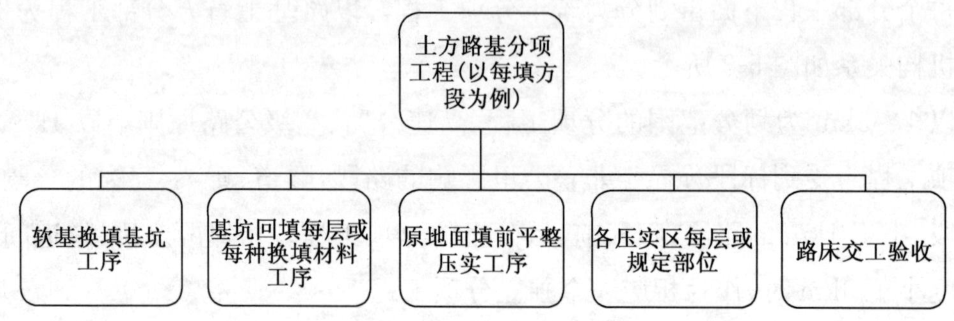

图 5-4 土方路基分项工程与各道工序组织关系图

将前面几幅图中的所有单位分部分项工序组织关系图组合起来，将得到庞大的枝状目录图。现场施工任何一道工序所使用的表格、文件，均可以对号入座，溯源到其所属的分项、分部、单位工程。工程变更、监理工作指令及反馈，在项目开工前，统一规定为"一事一议"方式。也即任何一份工程变更、监理工作指令，以单位、分部或分项为单元进行申请或指令。因此，将其划分为单位分部分项范围。

出于审计、考评的方便，有些项目将工作指令、工程变更独立归档，列入年度批次类进行统一整理归档。承包人进场时，项目业主或监理必须明确文件材料的划分方法，实施过程中的具体编码和分类。

施工现场试验室抽检的各道工序、中间交工检测资料，如混凝土强度、砂浆强度、路面厚度、水泥剂量、弯沉、压实度、无侧限抗压强度，整理归档时，归入相应分项或工序排序。因此，应归属于单位分部分项工程类。

5.2 单位分部分项工序的编码

5.2.1 单位工程编码

(1)单位工程代码。按照现行的《公路工程质量检验评定标准》(JTG F80—2004)，公路建设项目共划分为 9 个单位工程。各单位工程代码统一用 1～9 数码表达，如表 5-1 所示。

单位工程代码对照表 表 5-1

单位工程类别	路基工程	路面工程	桥梁工程	互通工程	隧道工程
代码	1	2	3	4	5
单位工程类别	环保工程	交通安全设施	机电工程	房建工程	
代码	6	7	8	9	

(2)单位工程流水码。一个标段或分部(工区)中,有若干个同类的单位工程,通过数字顺序代码,用 ij 两位数的顺序号加以区分。完整的单位工程的编码举例如下:

101~199——路基单位工程,高速公路每 10km 左右的施工路段范围为一个单位工程。视里程长短,也可以按照一个分部(工区),或一个标段为一个单位工程。

201~299——路面单位工程,高速公路每 10km 左右的施工路段范围为一个单位工程。根据施工里程长短,也可以按照一个分部(工区),或一个标段为一个单位工程。

301~398——桥梁单位工程,每座特大桥、大桥、中桥均为一个独立的单位工程,左右幅桥分别为子单位工程。每个标段或分部(工区),所承担的桥梁按照桩号由小到大次序,自然流水编号,从自然数 01 开始。

每座跨河中桥(含中桥)以上的桥赋予两个流水号,上行线(左幅)桥为奇数,下行线(右幅)桥为偶数。如 301 表示该标段第 1 座桥左幅子单位;302 表示该标段第 1 座桥右幅下行线。再如,309 表示第 5 座桥左幅子单位,310 表示第 5 座桥右幅子单位。流水偶数除以 2 得到该标段第几座桥。奇数除以 2,余数按"逢五进一"为桥梁序数的左幅,如 311,11 除以 2 后,修约得 6,表示第 6 座桥左幅。

二级及二级以下公路桥梁通常为单幅桥,其流水号为标段从小桩号到大桩号的桥梁顺序号。

六车道以上高速公路[含(改)扩建工程]左右幅可能出现分离式新旧桥梁,或三、四幅断面布置,其流水号具体约定。

一些总包项目路线较长时,可以按照分部、工区等分割出来的小段,与路基单位工程段落对应，作为独立工程段落，相当于一个标段。这样划分，每个段落的桥梁座数不会超过49座，即流水号最大值为98可以满足使用。

401～499——互通单位工程，每处互通为一个单位工程。每个标段或分部施工范围内不会超过99处互通，故各分部自然流水编号。如401表示土建1标第一处互通。

501～598——隧道工程，每道为一个单位工程，分离式、连拱隧道的左右洞分别为一个子单位。每道隧道赋予两个编号，上行线（左洞）为奇数，下行线（右洞）为偶数。如501为第一道隧道左洞，502为第一道隧道右洞。

经调查，每个标段或分部、工区不会超过49道隧道，故每个标段从自然流水号01开始编号。偶数除以2得到全线第几道隧道。

601～698——环保工程，每个标段为一个单位工程。

701～798——交通安全设施，通常以每20km左右长度范围为一个单位工程。当一个标段小于20km时，按一个标段为一个单位工程。

801～898——机电工程，以一个标段作为一个单位工程。

901～998——房建工程。具体按照房建专业进行划分。

5.2.2 分部工程编码

（1）路基单位工程下属各分部工程编码。根据现行《公路工程质量检验评定标准》（JTG F80—2004），各单位工程下属的分部工程类别均小于9类。以1～9数字定义各单位工程下属的分部工程代码。各单位工程下属的分部工程代码如表5-2所示。

路基单位工程下属各分部工程代码 表5-2

分部工程类别	路基土石方	排水工程	小桥及通道	人行天桥	渡槽	涵洞、通道	砌筑防护	大型挡土墙	组合式挡土墙
分部工程代码	1	2	3	4	5	6	7	8	9

（2）分部工程流水码。每个分部工程的流水顺序号两位数 ij，从第1个分部工程开始升序排列。如第1个土石方分部工程为01，第2个土石方分部工程为

02,依次类推。举例如下：

101——K0＋000～K1＋000段或第1段路基土石方分部工程。

202——K1＋000～K2＋650段或第1段排水分部工程(K2＋650～K2＋785为侯山大桥)。

305——本标段或本分部(工区)第5座小桥。

603——K2＋785～K4＋000段或第3段涵洞、通道分部工程。

806——本标段或分部、工区第6段大型挡土墙。

(3)路面单位工程下属各分部工程编码。路面单位工程下属的路面分部工程只有一个类别,故其代码定义为1。

分部工程流水码,原则上以每公里为一个分部工程。每个分部工程的流水顺序号两位数ij,从第1个分部工程开始升序排列。如第1个路面分部工程为01,第2个路面分部工程为02,依次类推。举例如下：

101——K0＋000～K1＋000段或第1段路面分部工程。

102——K1＋000～K2＋650段或第2段路面分部工程。

(4)桥梁单位工程下属各分部工程编码。表5-3为桥梁各分部工程的编码。

桥梁工程各分部工程编码　　表5-3

分部工程类别	基础及下部构造	上部构造预制与安装	上部构造现场浇筑	总体、桥面系和附属工程	防护工程	引道工程
分部工程代码	1	2	3	4	5	6

每个分部工程编码按照自然流水号,并参照设计图的编号。当自然流水号小于9时,用0补足。

举例如下：

100——0号台基础及下部构造。

103——3号墩基础及下部构造。

201——第1跨上部构造的预制与安装。大桥、特大桥的梁板数量可能超过99片,分割成每跨上部构造为一个子分部,仅作为编码使用。分部评分时,可以忽略每跨的评定。

301——上部构造现场浇筑。

左右幅墩台代码通过桥梁单位工程的代码加以区分。左右幅桥的分部工程划分按独立桥处理。

左右幅桥梁共用扩大基础时,或者某一墩台的基础及下部构造左右幅共用时,仅在左幅评定各分项(部)工程,计算右幅桥的基础及下部分部工程得分时,其基础分项工程按空缺处理,也即不重复计分。

这样,左右幅桥梁相当于独立桥梁,利于分部、分项工程的编号。

小桥及符合小桥的通道、天桥,每道(座)作为分部工程归入路基单位工程。互通范围的桥梁作为分部工程归入互通立交单位工程编号。

(5)互通单位工程下属各分部工程编码。每道互通为一个单位工程。互通范围内每座桥为一个分部工程,包括匝道桥。表 5-4 为互通单位工程各分部工程的编码。

互通立交各分部工程编码 表 5-4

分部工程类别	桥梁工程	主线路基路面工程	匝道工程
分部工程代码	1	2	3

每个分部工程的流水号码按照桩号从小到大排序。个位数和十位数标识互通范围主线桥梁流水序号。单数为左幅,双数为右幅。其编码方法与互通外的主线跨河大中桥梁一致。

范例 1:某互通主线共有两座桥。以路线桩号前进方向,第一座桥左幅子分部工程完整代码为 101;第一座桥分部工程右幅完整代码为 102;第二座桥左幅子分部工程完整代码为 103;第二座桥分部工程右幅完整代码为 104。

每条匝道上的桥梁一般不会超过 9 座桥梁,且多为单幅桥。故以个位数 1~9 标识匝道桥依路线方向的流水号。考虑到主线超过 5 座桥的可能性,为区分 A、B、C 等匝道上的桥梁,十位数为匝道编号 A、B、C……匝道编号命名。

范例 2:B 匝道有两座小桥,依照桩号方向,这两座桥的分部工程代码依次为 1B1、1B2。

互通范围的主线路基,直接用 201 标识整个分部工程编码。

每条匝道除了桥梁剔除作为独立分部工程外,其他结构物归并到一个分部工程。为区分匝道,第2位为匝道编号,以A、B、C……匝道编号命名。个位数为匝道分部工程流水号,每条匝道分部工程的流水号定义为1。

范例3:A匝道分部工程,其完整编码为3A1。B匝道分部工程,其完整编码为3B1。D匝道分部工程,其完整编码为3D1。

(6)隧道单位工程下属各分部工程编码。每道隧道为一个单位工程。左右洞各为一个子单位。左右洞所属的分部工程编码规定如表5-5所示。

隧道单位工程各分部工程编码 表5-5

分部工程类别	总体	明洞	洞口工程	洞身开挖	洞身衬砌	防排水	隧道路面	装饰	辅助施工措施
分部工程代码	1	2	3	4	5	6	7	8	9

每类分部工程可能存在若干分部工程,如洞身开挖,但总数量不会超过99个段落,且也没有必要每个段落一个分部工程。每类分部工程的个数,按照桩号升序排列。当自然流水号小于9时,用0补足。举例如下:

101——隧道总体。

201——进口端明洞。

202——出口端明洞。

301——进口端洞口工程。

302——出口端洞口工程。

403——洞身开挖第3段分部工程。

隧道围岩类别可变性比较大。实际段落与开工前的划分可能有比较大的出入。洞身开挖、洞身衬砌可以以实际围岩为基础,以不超过100m作为一个分部段落,才可以保证分项工程段落编码位数。

连拱隧道的中隔墙,可以类比理解为桥梁的墩,目前评定标准不作为独立的分项(部)评定,但需要收集其资料,单独组卷,可以升格为不需评定的一个分部工程,代号赋予0,每施工段落编码按照流水号01、02……

(7)环保单位工程下属各分部工程编码。环保工程比较简单,分部工程编码规定如表5-6所示。

环保单位工程各分部工程编码　　表 5-6

分部工程类别	声屏障	绿化工程
分部工程代码	1	2

每类分部工程可能存在若干分部工程，如声屏障以每处为一个分部工程，但每个标段总数量不会超过 99 处。每类分部工程的个数，按照桩号升序排列。当自然流水号小于 9 时，用 0 补足。

(8)交通安全设施单位工程下属各分部工程编码。各分部工程编码如表 5-7 所示。

交通安全设施单位工程各分部工程编码　　表 5-7

分部工程类别	标志	标线、凸起路标	护栏、轮廓标	防眩设施	隔离栅、防落网
分部工程代码	1	2	3	4	5

交通安全设施以每 5～10km 范围内为一个分部工程。通常，起点至第一个互通起点路段；互通起讫点互通范围(含匝道)；两互通之间主线路段；最后一个互通终点至标段终点路段分别作为分部工程划分的段落。两互通之间的起讫桩号距离超过 20km 时，中间应增加一个分部工程。

类似前面的划分方式，每类分部工程的个数，按照桩号升序排列。当自然流水号小于 9 时，用 0 补足。举例：

103——交通标志，第 3 个分部工程。

(9)机电单位工程下属各分部工程编码。机电工程各分部工程编码如表 5-8 所示。

机电单位工程各分部工程编码　　表 5-8

分部工程类别	监控设施	通信设施	收费设施	低压配电设施	照明设施	隧道机电设施
分部工程代码	1	2	3	4	5	6

机电工程的单位工程通常以每个标段为一个。分部工程也类似，每类分部工程往往只有一个。

(10)房建单位工程下属各分部工程编码。房建工程所属的各分部分项工程，原则上按照房建专业进行划分。代码方法参见附录。

房建工程目前采用专业软件生成各类表格资料,已经单独有编号。通过前缀,衍生出符合本导则的编码。

5.2.3 分项工程编码

分项工程编码采用三位编码,由分项工程所对应的识别码及所对应的编号组成,其中识别码为1位,编号为2位,01～99,全部采用数字码。

分项工程有时候可以划分为若干子段,不需要评分,但可以作为独立编码。以土方路基为例,每一个填、挖段均可以作为一个子段,依照桩号前进方向,单独赋予流水编码。

各分项、分部、单位工程的识别编码见附录E-1～附录E-9。

5.2.4 工序编码

任何一个分项工程均可以划分为一道或多道工序。有些分项工程本身就是一道工序,如钢筋加工及安装分项工程。

任何一个分项工程不会超过26道工序。因此,工序采用A～Z表达。

土方路基每个填挖段,可以划分为填前平整压实工序A、下路堤工序(部位)B、上路堤工序(部位)C、路床工序(部位)D。如有软基换填,则每段划分为基坑工序A、回填工序B、下路堤工序C、上路堤工序D、路床工序E。

排水工程分部工程中,如每公里浆砌排水沟划分为一个分项工程,则每段为一道工序。每条急流槽为一道工序。

特别注意,混凝土浇筑、预应力压浆、封端等都属于工艺,不是工序。

5.3 单位分部分项工序各类表格的编码

现场施工、抽检的各类施工检测、施工记录、监理旁站、检验申请批复、现场质量检验报告单、试验报告、单位分部分项工程质量评定,均采用格式化表格为记录载体。这些表格的唯一性标识编码,在单位分部分项工序基础上,添加表格表号、流水号,实现具有唯一标识编码的"一表一码"。

5.3.1 表号

全国各地高速公路、一般公路使用的表格格式差异性很大。目前交通运输部正在推广《公路试验检测数据报告编制导则及释义手册[两册]》(JT/T 828——2012)的试验表格，也仅仅是推荐性规范。本课题修正、完善的表格，除房建外，共划分为监表、质检表、试验检测报告、试验检测记录、检测表、施工记录表、进度计划实施表、工程管理用表、工程安全用表、工程质量检验评定表、工程交(竣)工表、工程交接表。各类表格赋予 4 个字符的表号。其中两个拼音字母码、两位流水号，如 LJ01 为开工令。每一张表格的表号实际隐含了表格的关键词。

本导则附录 F 汇总了课题收集、整理、完善的各类表格的表号及名称，并将交通运输部推荐的试验检测记录和试验检测报告与本导则推荐的试验记录和试验报告进行互换对比。

5.3.2 表格的唯一性标识编码

与单位分部分项工序有关的各类表格的类别段位编码，共划分为三级：文件材料层次、单位分部分项工序、表号。

(1)文件材料层次代码。按照交通运输部颁发的 65 号(交公路发〔2010〕)文件[5]附件 2 中的综合文件等五个部分中，每个部分的第 1 纲目层次，作为第一级类别编码。“第三部分　监理资料”中的第 2 层次“工程质量控制文件”为单位分部分项工序资料的层次类别。“第四部分　施工资料”中的第 3 层次“施工质量控制文件”为施工单位的单位分部分项工序资料的层次类别。

(2)单位分部分项工序代码。直接按照本节前面赋予单位分部分项工序的编码。

(3)表号。每道工序的各类表格所使用的表号已经固定，直接引用。

5.3.3 流水号

每一张表格赋予一个三位数的流水号作为一个段位，从 001 开始。同一道工序中，相同的表格通过流水号加以区分。

5.3.4 段位的组合

将项目代号、属性、类别、流水号四个段位的编码组合在一起，则构成了单位分部分项工序类文件材料任何一张表格的唯一性标识编码。

范例：S52GXLM·403·3101622101CJL05·001——广西武宣至平果高速公路来宾至马山段（S52GXLM），土建3标（403），施工质量控制文件（3），路基单位工程（101）第22段（622），第1道涵洞（101），基础工序（C，基坑为A，基础钢筋加工及安装为B，基础为C），检验申请批复单（JL05），第1页（001）。

5.4 开工报告的编码

开工报告是土木工程建设中重要的程序，是计算合法工期、索赔、承包人是否具备开工条件的重要依据。开工报告既有以整个标段为单元的开工申请、总监经核准后签发的开工令，也有以单位工程申请开工，还有以每个分项工程为单元申请[如每个路基土（石）方分项]，或者以每个独立产品为单元申请（如每道涵洞），甚至以同类构件（部位）为单元申请（如桥梁梁板预制），更有以同类分项（部）集中申请开工（如桥梁整座桥的桩基或某墩台的基础及下部构造）。工程分项开工申请中的"分项"，实际上是"分类"的含义。可以这样说，每个单位（分部）工程中，开工报告是以相对独立的构件、部位或产品，在同一时段内，具有相同的开工条件的集合体作为开工申请的对象。但各类工程分项开工申请及批复文件材料，均可以归结为单位分部分项工程类。

开工报告类文件材料编码，其项目代号、属性、类别第1级采用前面所述。按相近性原则，本导则对开工报告类文件材料的"类别"段位第2级的单位分部分项工序作如下规定：

(1)整个合同段的总体开工申请及开工令。这类文件材料的单位分部分项代码全部用"000"（补足位数）+工序代号0+固定格式的表格表号。非表格类文件材料的表号统一定义为"0000"。

范例：S52GXLM·403·30000000000JL03·001，其含义为：广西武宣至平果高速公路来宾至马山段（S52GXLM），第3标段（403），施工质量控制文件（3），总体工程(0000000000),分项开工申请批复单(JL03)第1页(001)。

(2)单位或分部或分项工程开工申请及批复。某单位工程开工申请及批复,则分部分项工序的代号统一赋予“0”以补足位数。某分部开工报告,则分项工序赋予“0”以补足位数。如为分项工程开工申请及批复,则工序赋予0。分部或分项工程的单位或分部工程代码则按照所在单位或分部代码。

范例:S52GXLM·403·33010000000JL03·001,其含义为:广西武宣至平果高速公路来宾至马山段(S52GXLM),第3合同段(403),施工质量控制文件(3),第1座桥(301),单位工程开工申请批复单(0000000JL03),第1页(001)。

(3)集合体类开工申请及批复。涵洞(每道涵洞一份开工报告),梁板预制(整座桥梁板预制一份或两份开工报告),同类型桩基,或者,中桥桥梁的基础及下部构造,或者,整座桥梁,这类集合体开工报告,直接应用明确的单位或分部工程代码;不明确的代码,选用第1个分部或分项代码。

范例1:S52GXLM·403·34011010000JL03·001,其含义为:广西武宣至平果高速公路来宾至马山段(S52GXLM),第3合同段(403),施工质量控制文件(3),第1处互通立交(401),第1座桥(101)开工申请批复单(0000JL03),第1页(001)。

范例2:S52GXLM·403·31016061020JL01·001,其含义为:广西武宣至平果高速公路来宾至马山段(S52GXLM),第3合同段(403),施工质量控制文件(3),路基单位工程(101)第6个涵洞通道分部工程(606),第2道涵洞工程分项开工申请批复单(1020JL03),第1页(001)。

5.5 编码范例

5.5.1 工程质量检验评定表

(1)表号。现行《公路工程质量检验评定标准》共设计了“分项工程质量检验评定表”、“分部工程质量检验评定表”、“单位工程质量检验评定表”、“建设项目(合同段)质量检验评定表”、“________工程汇总表”共5张专用表格。这些表格的编码,按照前面规则,采用“四段位编码法则”,完整编码范例如下:

质量检验评定表一共5类，依次为分项、分部、单位、建设项目及汇总表。对应的代号依次为PD01、PD02、PD03、PD04、PD05。

PD01——分项工程质量检验评定表。

PD02——分部工程质量检验评定表。

PD03——单位工程质量检验评定表。

PD04——建设项目(合同段)质量检验评定表。

PD05——工程汇总表。所有的子分项、子分部、子单位，均需要通过该表汇总，得到对应的分项、分部、单位工程的分数。

分项工程质量检验评定最低级别为(子)分项工程，没有工序。为统一编码位数，用“0”代替工序。

(2)流水号。此流水号是指评定表所在的单位分部分项工程中的页数。为统一，评定表流水号也采用3位数，从001开始，记录至最后一页。

分项工程中含有子分项时，PD01评定表的流水号，按施工流程、工艺先后次序，依次从第1个子分项001页数起。

5.5.2 范例

广西来宾至马山高速公路1-1分部施工的路基单位工程及所辖的分部、分项工程质量检验评定表的完整编码如下：

S52GXLM·401·31011011010PD01·001——广西武宣至平果高速公路来宾至马山段(S52GXLM)，土建第1标(401)，质量评定(3)，路基单位工程(101)，路基土石方分部工程(101)，土方路基分项工程(101)，工序(0)，分项工程质量检验评定表(PD01)，第1页(001)。

S52GXLM·401·31011010000PD02·001——广西武宣至平果高速公路来宾至马山段(S52GXLM)，土建标第1-1分部(401)，质量评定(3)，路基单位工程(101)，路基土石方分部工程(101)质量检验评定表(0000PD02)，第1页(001)。

S52GXLM·401·31010000000PD03·001——广西武宣至平果高速公路来宾至马山段(S52GXLM)，土建标第1-1分部(401)，质量评定(3)，路基单位工程(101)，质量检验评定表(0000000PD03)，第1页(001)。

竣(交)工中的质量鉴定所涉及的表格，归档文件材料案卷数量比较少，列入年度批次归档编码范畴。

5.6 实施过程中的修正

每个承包人开工之前,必须做好单位、分部、分项工程的划分及编码,并上报总监办批复。但实施过程中,可能出现如增加或取消某些结构物,隧道开挖过程中围岩类型与设计不一致等问题,故原来划分的单位、分部、分项工程需要修正。具体方法规定如下:

(1)凡是取消的结构物,保留原来的单位、分部、分项工程的编码,在划分表的备注中加以注明已经取消,使得软件能自动识别,便于查询。

(2)凡是增加的结构物,其编号放在同类的编号的最后。将来计算机会自动根据桩号大小进行排列。例如,为方便村民出入,决定增加一座主线上跨的中桥。原来一共有 18 座桥梁,桥梁单位工程编号已经到 335～336,则新增加桥梁的单位工程编号为 337～338。再如,原来的 K275＋650、K275＋720 分别为两道涵洞。现场变更,将两道涵洞合并为一道涵洞,桩号为 K275＋695。则在 K275＋000～K276＋000 涵洞、通道分部工程中的最后增加 K275＋695 涵洞的子部、分项工程的编码,在 K275＋650、K275＋720 编码备注中注明已经取消。

(3)隧道开挖过程中,原设计 K275＋800～K276＋860 为Ⅳ类围岩。但实际开挖中,K275＋830～K276＋870 段为Ⅴ-a 类围岩,则应根据实际的围岩类型,重新调整其编码。

5.7 工序归档文件材料的编码

每个分项工程再细分为一道或若干道工序,或者若干自然段。工序,是现场施工中资料收集的最小单元。每道工序资料收集范围包括成品验收、施工原始记录两部分。有些省市甚至将本工序的工作指令也纳入工序归档。工程变更另外单独组卷。其中成品验收资料通常有“检验申请批复单＋本工序现场质量检验报告单＋本工序验收所产生的各类试验报告、试验记录、外形尺寸检测记录”。

施工原始记录是追溯本工序施工的起讫时间,整个过程如何完成的真实记录，通常指以工班（主要指结构物），或层次（主要指填土），或批次（结构物混凝土浇注、养护批次）为单元填写和收集的以文字描述为主导的记录表格。主要的施工原始资料主要包括：①路基土石方的分层填筑记录；②混凝土结构物的混凝土浇注申请（以批次）、施工记录（每工班）、养护记录（一个批次一张）；③“三背”回填的填筑记录；④预应力张拉的构件压浆记录；⑤水下混凝土灌注记录；⑥浆砌砌体记录；⑦挖孔或钻孔记录，地质柱状图。

工序的成品验收、施工原始记录，归纳为单位分部分项工程归档范畴。因此，其项目代号、属性均与本工序的上位分项工程完全一致。

公路工程常用表格名称及表号见附录 F。

每道工序资料每一张（类）表格依次从 001 开始计算其流水号。实际使用中，不因为增加或减少某一张表格而影响到其下一道工序同类表格的流水号。

范例 1：K21＋520～K21＋580 段填前平整压实，其压实度评定报告编码。该路段的填前平整压实工序归属于 K21＋000～K22＋000 段土方路基分项工程。所需要收集的压实度评定报告表格编号如下：

S52GXLM・403・3101122102ABE02・001——广西武宣至平果高速公路来宾至马山段（S52GXLM），土建 3 标（403），路基单位工程（101），第 22 个路基土石方分部工程（122），第 2 个土方路基分项工程子项（102）[一个土（石）方分项工程段落里面，可能有若干个土方路基子项，也即自然段落]填前平整（A 工序）压实度评定报告（BE02），第 1 页（001）。

范例 2：某涵洞基础工序检验申请批复单的编码。

S52GXLM・403・3101622101CJL05・001——广西武宣至平果高速公路来宾至马山段（S52GXLM），土建 3 标（403），路基单位工程（101），第 22 段（622），第 1 道涵洞（101），基础工序（C，基坑为 A，基础钢筋加工及安装为 B，基础为 C），检验申请批复单（JL05），第 1 页（001）。

5.8 现场抽检试验检测数据表格的编码

施工现场抽检的混凝土强度、砂浆强度、压实度、弯沉、平整度、油石比、水泥剂量检测记录、水泥碎石无侧限抗压强度、基坑地基承载力、锚杆（索）拉拔力、拌合场抽检的砂石含水量、坍落度等试验记录与评定报告，其归档时与其所属的工序（部位）成品验收资料一起组卷，作为各类质量检验报告单的附表，也归结到单位分部分项工序工程。因此，这类表格的唯一性标识编码与前面方法相一致。

综述：单位分部分项工序的立卷文件材料，其编码段位、总位数固定不变，轻松实现计算机根据指定的段位、级等模糊查询。

6 年度、批次类文件材料的编码

标准试验，文件材料试验，工地会议纪要，土地征用，分期计量，工程管理文件，竣（交）工验收，监理月报、施工日志，监理日志，巡视记录，天气、温度及自然灾害等文件材料，均与年度、批次有关，归属于这一类别文件材料的立卷归档。

本条目仅仅收录“四段位”中文件材料类别的第2级编码。

6.1 来文、年度、批次、表号的编码

6.1.1 来文的编码

建设项目业主、参建单位上送或下发、抄报、抄送的各类文件、外来文件，往往冠以拟文行政区域、单位或部门的简称，如“交公路发”，为“交通运输部公路局下发的文件”。“桂交办基建”为“广西交通运输厅基建管理处下发的文件”。“桂来马发”为“广西来宾至马山高速公路工程建设指挥部”下发文件。图6-1为文件的标题栏截图，图6-1中“桂来马发〔2012〕41号”为原来文件编码。

广西来宾至马山高速公路

工程建设指挥部文件

桂来马发〔2012〕41号

图6-1 文件标题文号截图

广西路桥总公司第1合同段收到这份文件，标段自我归档，其“四段位”编码中文件材料类别的第2级代码直接引用原文文件编号，第1级为文献[5]附件2第四部分施工资料中的“三、施工质量控制文件”。该文件第1页的完整四段位编码为：S52GXLM·401·3桂来马〔2012〕41号·001。含义为：广西武宣至平果高速公路来宾至马山段（S52GXLM），第1合同段（401），施工质量控制文件（3），来马指挥部下发文件“桂来马〔2012〕41号”，第1页（001）。

该文件的第二页开始，流水号自动从002开始升序递增。

6.1.2 年度

高速公路工程档案收集的文件材料，划分为：从立项到开工的前期阶段；项目开工到竣工的建设期阶段；竣工到项目寿命终止的营运阶段。项目文件的收集、整理、立卷、归档工作，第一、二阶段主要由项目法人负责，组织所有参建单位参与档案工作建设管理，第三阶段则由营运公司负责。本导则定义文件材料的年度代码采用“方括号＋年号”，如〔2014〕。

项目前期文件分类后，有些年度的立卷归档文件材料不足以组成一卷，可以采用连续两年或多年形成的文件材料整理、归档成一卷，在案卷题名中标注归档文件材料起止时间。

6.1.3 批次

调查数据显示，每个标段（总承包采用工区或分部段落），每类文件材料每年不会超过 999 批次。故本导则定义批次位数为 3 位数，从第 1 批次 001 起计。

项目前期文件，整理归档时，按照年度、文件材料类型，以文件材料形成的时间先后次序作为批次流水号。

批次的广义，可以延伸到人员序号、地籍名称。如监理日志，旁站记录，施工日志，每个总监办、项目经理部所有技术人员赋予序号，就能明确监理日志、旁站记录、施工日志的责任者。征地拆迁中，对每个行政村、镇赋予序号，从编码中很容易建立资料的相关性。

为保证批次位数的统一性，包括人员、地籍名称的序号一律采用 3 位数。

6.1.4 表号

标准试验、工作指令、会议纪要、监理月报等这些年度、批次类文件材料，一般采用标准化表格，每一张表格有固定的表号。这些表号，已经隐藏着将来作为检索查档使用的表格主题词或关键词。表号统一定义为 2 位字母码＋2 位流水号。本导则附录列出了常见的各类表格。

项目前期文件所形成的文件材料有些为非表格类，如各种上级政府部门批复文件，各单位上报的红头文件。因其文件第 1 页的文件标题、文号、主题词、来文时间等信息已经隐含在二维码或编码组成中，且还有流水码，这类文件材料不需要添加虚拟的表格编号。

6.2　年度、批次类文件材料类别的编码

6.2.1　类别

(1)交通运输部颁发的65号(交公路发〔2016〕)文件的第一层次作为类别的第一级。65号(交公路发〔2016〕)文件附件2中5个部分的第1纲目层次，作为第一级类别编码。

(2)“年度＋表号＋批次”的第二级。文件材料分类、整理后，按照文件材料的“年度＋表号＋批次”进行编号。

6.2.2　流水号

为统一全书，每个批次每类表格的流水序号，均从001开始。每份文件中的同类表格，从001开始编写流水号。每份文件从001开始。

各类外来文件、建设项目业主及各参建单位签发的各类文件，通常以红头文件形式下发、上报、抄送或抄报，且多为非表格。这类文件的第1页标识编码为完整的四段位标识编码，流水号为001。第2页开始，继承前三段位的项目代号＋属性＋类别，流水号依次为002升序排序。

6.3　范　　例

范例1：项目业主接到广西壮族自治区交通运输厅下发的一份文件，其内容为转发交通运输部关于公路工程竣交工验收办法实施细则。来文文号为“桂交办基建〔2010〕25号”。

对照文献[5]附件2，该文件的立卷单位为项目业主，属于第一部分综合文件中第四层次“工程管理文件”的建设单位往来文件。

范例2：该份文件第1页完整“四段位”编码为S52GXLM·100·4桂交办基建〔2010〕25号·001。其含义为：广西武宣至平果高速公路来宾至马山段

(S52GXLM),项目业主(100),综合文件第四层次,接收广西壮族自治区交通运输厅文件“桂交办基建”,2010 年第 25 号文件,第 1 页(001)。该文件的题目名称、主题词、来文时间等信息,已经在二维码或这份文件录入时输入,方便了今后查考。该文件的第 2 页开始至最后一页,全部通过流水号 002 起算与第 1 页区别,全部实现一页一码。

范例 3:项目业主增加转发文件,文号为“桂来马发〔2011〕36 号”,将范例 2 中自治区交通运输厅转来的“桂交办基建〔2010〕25 号”文件下发到各施工单位。

第 1 合同段整理该文件,第 1 页的完整编码为:S52GXLM·401·3 桂来马发〔2011〕36 号·001。其含义为:广西武宣至平果高速公路来宾至马山段(S52GXLM),土建 1 标(401),施工资料第 3 层次,接收来马指挥部文件“桂交办基建〔2010〕25 号”,第 1 页(001)。第 2 页开始,其完整编码仅仅改流水号,如 002。本范例文件整理归档后,不用送项目业主,直接由标段保管。

范例 4:S52GXLM·404·3〔2011〕BT01001·001。其含义为:广西来宾至马山高速公路(S52GXLM),第 4 标段(404),施工质量控制文件(3),2011 年度第 1 批土工试验报告(〔2011〕BT01001),第 1 页(001)。

范例 5:S52GXLM·100·2〔2009〕001·001。其含义为:广西来宾至马山高速公路(S52GXLM),综合文件(100),建设依据及上级有关指示(2),2009 年度第 1 批次(〔2009〕001),第 1 页(001)。

范例 6:S52GXLM·301·2〔2014〕JL13015·001。其含义为:广西来宾至马山高速公路(S52GXLM),第 1 总监办(301),工程质量控制文件(2),2014 年度(〔2014〕),工程变更令(JL13),第 15 份(015),第 1 页(001)。

7　散装类案卷文件材料的编码

有些文件材料本身已经装订成册，有独立的封面、目录、页号，通常采用以件为单元组卷。不需要重新装订，直接以件为单元组卷的案卷，本导则定义为散装类案卷。这类案卷，每件首页右上角空白处需要加盖档号章。

档号章＝档号＋序号。本导则定义：档号＝全宗号＋项目代号＋属性＋案卷流水号。

档案馆(室)若分配有全宗号，则在项目代号前面赋予全宗号。

7.1　图纸类图号的编码

此词条定义图纸类类别、流水号的段位编码。

项目立项建议书、工程可行性研究报告、初步设计、施工图设计、工程变更图纸、竣工图等图纸类文件材料，提交项目业主前已经装订成册，其本身每一页已经有图号或页码，每一册已有目录。

7.1.1　类别

(1)交通运输部65号(交公路发〔2016〕)文件的第一层次作为类别的第一级。65号(交公路发〔2016〕)文件附件2中5个部分的第1纲目层次，作为第一级类别编码。

(2)图号直接作为类别的第二级。每册图纸，其目录中的图号，直接作为类别的第二级编码。

交通运输部推荐的设计文件编制范本对各类文件的字母代号有明确规定。公路工程项目建议书、可行性研究报告、初步设计、施工图设计、竣工图等图纸类，每一张图、表的图号，其编号规则、专业习惯不同，大相径庭。公路图纸的图号，一般用“字母码＋篇章(罗马序号)＋图表类别”。字母码为图纸阶段的汉语拼音第1个字母，分别标识工程可行性研究报告(G)、初步设计(C)、施工图设计(S)、竣工图(J)。如SⅢ-1,为施工图设计第3篇第1类路基路面设计说明。

7.1.2 流水号

有些图纸的图号是共用一个图号。此时需要通过流水号来区分每一张图表。例如,SⅡ-2为施工图设计中的第2篇路线平面图。通过2后面的流水号加以区分每一张平面图,如SⅡ-2-1,表示第1页路线平面图。

7.1.3 范例

范例1:S52GXLM· 403·1JⅥ-1·001。其含义为:广西武宣至平果高速公路来宾至马山段(S52GXLM),第3标段(403),竣工图表(1),竣工图(J),第第6篇路线交叉设计说明(Ⅵ-1),第1页(001)。

范例2:S52GXLM· 100·2SⅠ-1·001。其含义为:广西武宣至平果高速公路来宾至马山段(S52GXLM),综合文件(100),建设依据及上级有关指示(2),施工图设计(S),第1篇项目地理位置图(Ⅰ-1),第1页(001)。

7.2 其他散装类文件材料

此词条定义其他散装类文件材料类别、流水号。

招投标文件,审计报告,财务结算文件,工程决算文件,监理规划,(建设、施工、监理、监督、设计)工作总结,桥梁桩基检测报告,梁板静载试验报告、图纸等文件材料,基本独立成册,且一般在通车后,各立卷归档单位才进行整理、归档。

7.2.1 类别

(1)交通运输部65号(交公路发〔2016〕)文件的第一层次作为类别的第一级。65号(交公路发〔2016〕)文件附件2中5个部分的第1纲目层次,作为第一级类别编码。

(2)件的顺序号作为类别的第二级。这类文件按照同类集中组卷,直接将装订好的每一件,按顺序装入案卷。件的顺序号直接作为类别的第二级编码。每卷能装的件数,不会超过99件,可以取2位流水号。

7.2.2 流水号

数字化处理后，每件的每页顺序号作为流水号，统一为3位数，从001开始。每件的流水号均从001开始。

7.2.3 范例

范例：S52GXLM·403·301·005—014。其含义为：广西武宣至平果高速公路来宾至马山段(S52GXLM)，第3标段(403)，施工质量控制文件(3)，第14案卷(014)，第1件(01)，第5页(005)。

上例中，施工资料的质量控制文件，既有散装类，且不止一卷，也有线装类。后者往往通过年度批次、单位分部分项工序区分，前者则只能通过案卷总顺序号(如上例中的"—014")加以区分。

8 声像类文件材料的编码

声像类属于特殊载体的档案，目前多以数码相机拍摄的照片，晒像实体后用专用照片册装。这类文件材料划分为照片类、录音类和录像类。其中照片类划分为以专用档案影集为载体的档案和以电子介质为载体的档案。录音、录像类属于以电子介质为载体的档案。

8.1 声像类文件材料的分类和排列

照片、录音、录像的分类和排列，采用“组”的方式，将内容相近的，彼此之间有密切联系的若干照片、录音、录像按照时间或重要程度集中在一起排列。具有查考、利用价值的照片，可以归纳为以下“专题”：

(1)喜庆专题。项目的开工典礼、节点工程庆贺、通车典礼、竣工典礼等喜庆场面。珍贵的照片，是工程的历史记载。这类照片可以作为一个影集，或者章节，集中收录归档。

(2)领导视察、关怀专题。不同时期各级领导对工程的视察、指示，所留下的照片，也是工程的历史记载。这类照片，可以按照级别高低、政府部门类别分类，结集一册或多册影集收录归档。

(3)检测专题。试验室及项目经理部驻地建设和验收，施工现场抽检，中间交工，质量、安全等专项检测等活动所产生的照片，见证了整个项目的质检工作，具有查考意义。这类照片可以作为一个章节结集收录。

(4)施工现场专题。按照公路工程质量评定标准中的单位分部分项工序进行单元划分，收集原地面、填挖交界面台阶开挖、岩石地基基坑、软土地基基坑、工程变更关键点等隐蔽工程照片，预应力张拉、水泥混凝土路面模板、大桥合龙施工、隧道超前锚杆及锚杆支护、有代表性的施工现场组织等照片。

(5)其他。与工程建设相关，且具有查考利用价值的照片，如施工期间发生的泥石流、滑坡、溶洞等地质灾害及特大水毁、涝灾、旱灾、违规施工导致的安全教训，特殊专用施工设备、试验仪器等照片，也具有查考利用价值，应适当收集、归档。

项目业主、监理、承包人所产生的影集，角度不同，收集的侧重点也有所差异。表8-1为各参建单位收集侧重及组卷汇总、归档送业主的主要照片。其中专题5、专题6由各从业单位自行保管。

从业单位工程影集收集比较表　表8-1

从业单位	专题1	专题2	专题3	专题4	专题5	专题6
项目业主	开工、交工、竣工、亮点工程	项目前期文件评审、招投标、征地拆迁	不同级别领导视察、调研；政府监督指导	项目业主建设专项检查，重大变更方案	开工前的原地形地貌	企业党建、团建、文化建设
监理	单位分部分项、关键工序验收	工程变更现场方案、变更会议	例会、工地会议、专题会议	房建、机电工程专题	接受不同部门的检查、调研、指导	企业党建、团建、文化建设
施工	单位分部分项工程隐蔽部位	关键工序检测、成品验收	专项会议	开工前的原地形地貌	接受不同部门的检查、调研、指导	企业党建、团建、文化建设

录像也是从业单位归档不可或缺的组成，尤其业主、承包人。录像与照片的区别在于连续地，集声、像于一体地记录载体。录像专题也可以参照上表分类。承包人、监理还应增加梁板及锚杆（索）预应力张拉，超声波检测，智能张拉、标准化建设，桥梁及隧道关键工序（工艺）的专项检测，沥青混凝土拌和、摊铺、碾压的温度、油石比、级配等关键指标。

8.2 声像类文件材料的编码

8.2.1 工程照片编码

为方便今后照片的检索和利用，还原位置，实现计算机管理，每帧照片赋予唯一的标识编号。每帧照片的目录、存放位置及照片背面三个编号相同。

项目代号、属性的编码与全面规则一致。

(1)类别。类别号采用保管期限作为类别代码。按照国家档案局《照片档案管理规范》(GB/T 11821—2002)第5.4.3条,照片分为永久和长期,分别用“1”和“2”区分。

(2)册数顺序号。一个立卷单位的工程照片影集通常小于99册,采用2位数顺序号。

范例:永久保存的第2册影集的类别代码为“102”。

(3) 流水号。流水号为每集影集每一帧照片的顺序号,标准工程档案影集每册帧数为60帧或90帧。故数量统一定义为2位数,从第1帧照片01开始。

为区分光盘、照片,在流水号之前前缀照片拼音首字母“ZP”。

范例:S52GXLM·403·102—ZP52——广西武宣至平果高速公路来宾至马山段(S52GXLM),第3施工标段(403),永久性保管期限的第二册影集(102),第52帧照片(ZP52)。

8.2.2 录像、录音的编码

录像、录音,甚至照片,一般刻录在不可擦写的档案专用光盘。其编码也采用前述规则,项目代号、立卷单位代码同前。保管期限分别用1和2区分永久或长期,作为类别代码。光盘号用“—”连接,采用“光盘”拼音首字母“GP”+光盘流水号。

一个立卷单位收集的光盘一般不会超过999张。故流水号采用3位数。

范例:来宾至马山高速公路NO.Ⅰ总监办第102张光盘。其编码为:S52GXLM·301·1—GP102。

从范例可以看出,301表明该光盘是NO.Ⅰ总监办收集、整理、移交,永久性保存(1),编号为第102张光盘(GP102)。

9　其他类文件材料的编码

实际整理归档中，施工过程会形成一些不属于前面几大类的文件材料范畴。其编码不适合应用前面的规则。比较典型有以下几类：

(1)本标段生产的小型混凝土构件预制所产生的资料，难以归入某个单位分部分项工序。

(2)通道、天桥等线外工程的引道，高速公路竣工后，连同档案一起，将其移交地方政府交通管养单位。引道工程的质保资料无法进行单位分部分项工程划分。

(3)与当地共建项目，如为老百姓挖井，修建校舍、村公所所产生的资料。

(4)施工过程的临时资料。

(5)其他。

这些材料组卷方式，按照同类型文件材料，以自然形成规律、时间先后顺序集中组卷。

这类文件材料的类别、流水号编码，可以按照以下方式：

(1)业主所有权的其他类文件材料。类别号第1级采用交通运输部65号(交公路发〔2016〕)文件附件2的纲。归列项目业主保管的文件材料，如截水沟小型构件预制，可以划分到路基单位工程，但无法归列具体的分部、分项工程，其代码设定为0，并用0补足位数。

(2)线外工程档案。通道、天桥类的引道，这类文件材料是因高速公路施工而产生，其项目代号、属性不变。类别段位可以采用“线外”拼音“XW”标识＋名称拼音简写＋案卷流水号。流水号段位则为每类文件材料的页数顺序号。

范例：S52GXLM· 404·XWLZ01·001。其含义为：广西武宣至平果高速公路来宾至马山段(S52GXLM)，第4施工合同段(404)，线外工程(XW)，李庄引道(LZ)，第1卷(01)，第1页(001)。

为当地老百姓服务的善举结构物，如打井、修建学校围墙、饮水工程，也归属这一类文件材料。

(3)临时资料。施工过程中，产生的一些文件材料，建设过程中非常重要，但工程交工后没有实际的查考利用价值。如土方路基通常每填筑5层或填土高度达3～5m高度，需要检测高程、宽度、中线偏位等外形尺寸；又如路堑开挖，每挖5m深度，也要检测高程、宽度、边坡坡度这类文件材料；再如，结构物的模板；项目经理部通讯录等文件材料，本导则统一定义为临时资料。

按照相近的原则，临时资料都可以按照65号（交公路发〔2016〕）文件附件2进行分类，编写其类别编码及流水号。

高速公路进出口的连接线，其产权通常归入项目业主，其档案也归列业主。长度较长的连接线通常划分为一个独立的单位工程。较短的连接线，可以单列作为互通的一个独立匝道。故其编号按本导则相应的编码方法进行编码。

10 工程档案案卷组成编码

工程档案案卷通常由案卷内外封面、卷内目录、归档文件材料和备考表组成。各组成编码，就是将本课题创建的“项目代号＋属性＋类别＋流水号”串联起来，实现一页(卷、件)一码。

10.1 档号的编码

档号是以字符形式赋予档案实体的用以固定和反映档案排列顺序的一组代码，由全宗号、分类号(或项目代号或目录号)、案卷号组成。案卷的内外封面、脊背均有一栏档号。

为实现计算机查考数字档案，赋予每个案卷档号唯一性标识编码是一种最佳路径。

随着公路建设多元化，目前公路行业的大量工程档案由营运公司负责保管，或委托专业公司进行保管。现阶段各级政府档案主管部门难以对每个企业规划全宗号。公路营运公司等企业的档案馆(室)也没有统一规定全宗号，故本导则将全宗号作为缺省项。如档案馆(室)明确有全宗号，可以直接在本导则的项目代号之前前缀。

高速公路的工程档案中，前期立项批复、交(竣)工批文或竣工图等少量案卷需要向国家交通运输部档案馆、各省(市)级档案馆移交。本导则档号的编码规则以营运公司档案保管为导向，同时，档号编码应满足档案不同保管单位的通用性。各级档案馆保存的档案，在本编码前面添加全宗号，组成新的适用于本档案馆的档号。

本导则创建的“项目代号＋属性＋类别号＋流水号”的“四段位”唯一性标识编码规则，适用于组成案卷的每一页(件)，同样适用于案卷的档号。但为了节省档号位数和各段位相对独立，本导则档号编码中将四段位的“类别号”作为缺省项。流水号为案卷的顺序号，从 001 开始，用半破折号或插入特殊符号中的标点符号“—”与“项目代号＋属性”连接起来。

范例：S52GXLM·301—126。其含义为：广西武宣至平果高速公路来宾至马山段(S52GXLM)，第一总监办(301)，第 126 案卷(126)。

10.2 卷内目录文件的编码

按照档案案卷的装订方式，案卷内文件，可整卷装订或以件为单位装订。本身已经独立成册的文件，已有页码、目录，则采用单册，或若干册组成一卷，本导则定义为散装。需要重新整理、编目、打码，采用线装成册的文件，本导则定义线装。两种装订方式，其案卷卷内目录的每一个文件均需要编码。

散装案卷的卷内目录与归档的独立成册的文件相互分离。为了便于借阅后归还原案卷，散装文件的首页右上角空白处加盖档号章。卷内目录表头栏设档号，散装文件与卷内目录实现一一对应。根据中华人民共和国国家标准《科学技术档案案卷构成的一般要求》(GB/T 11822—2008)中的图 A3，其标题区第二行有“档号”位置，填写档号。

因卷内目录不涉及具体类别，参照封面的档号，本导则卷内目录每个文件的四段位编码中也将类别号作为缺省项。

本导则直接选择卷内目录中序号列的三位数序号作为“四段位”中文件序列的流水号(为统一性，定义为 3 位。不足 3 位添加虚号“00”)(图 10-1)。为了与其他段位区分，在序号流水号与属性之间用“·”隔开，得到本案卷每一个文件的编码。

卷 内 目 录

档号：S52GXLM·100-065

序号	文件编号	责任者	文 件 题 名	日期	页数	备注
1		广西红河高速分路有限公司	[K251+000～K268+930段土建工程施工合同文件]	20090903	192	1册
2		广西红河高速分路有限公司	[K251+000～K268+930段土建工程施工单价分析文件]	20090903	200	1册

图 10-1　卷内目录文件与编号关系

图 10-1 中，第 1 个文件的编码为：S52GXLM · 100 · 001—065，保留案卷流水号放在最右边。整个编码的含义为：广西武宣至平果高速公路来宾至马山段（S52GXLM），项目业主归档的综合文件（100），第 65 案卷（065），第 1 个文件（001）。

卷内目录类别段位与归档文件材料类别段位的根本区别在于，前者仅仅 3 位流水号，后者则为 2 级组成。

卷内目录中的“文件编号”列，通常指归档文件材料每个文件的原有编码。公路工程大多数案卷文件材料为表格化，按照关联性相近原则，若干表格、文档组成一个文件。该文件难以建立合理的编码。卷内目录的序号列，也就是编码的文件流水号，标识着本案卷的文件顺序号。

10.3 立卷文件材料的“一页（件）一码”

为方便计算机查询，本导则将纸质载体的各类立卷文件材料的类别划分为单位分部分项工序类、年度批次类、散装类、声像类和其他类，分别赋予不同数字与字母组合的类别段位，与其他段位码一起，构成“一页（件）一码”。

按照“四段位”编码规则，归档文件材料的任何一页的编码，均由“项目代号＋属性＋类别＋流水号”组成。四段位中各段位的编码，完全从本导则编码规则中查找得到。

散装文件材料，每件的第 1 页需要完整的编码。从第 2 页开始，继承前三段编码，仅页号流水号从 002 开始升序添加。

10.4 备考表的编码

备考表置于盒内文件之后，其主要作用是记载立卷有关情况、案卷变化情况，供案卷利用者查考，供档案鉴定者查用。项目包括盒内文件情况说明（填写盒内文件缺损、修改、补充、移出、销毁等情况）、整理人（填写负责整理归档文件的人员姓名）、检查人（填写负责检查归档文件整理质量的人员姓名）和日期（填写归档文件整理完毕的日期）。

一个案卷通常只有一页备考表。为了与卷内目录的编码区分，文件材料类别代号直接赋予1。这也是区别归档文件材料的类别代号。也即，第3段位的代号为1，则为备考表。

范例：S52GXLM·100·1—065，保留案卷流水号放在最右边。整个编码的含义为：广西武宣至平果高速公路来宾至马山段（S52GXLM），项目业主归档的综合文件（100），第65案卷（065），备考表（1）。

11 系统自动编码

“四段位”编码位数过长，与单位分部分项工程相关联的归档文件材料，最长编码位数达到38位。采用手工填写编码，耗时，难记，易错。录入时，人工输入也很难避免误录，出错率极高。因此，系统必须实现自动生成编码和二维码，才有推广价值。

11.1 自动编码

利用微软办公系统提供的Word或Excel为平台，在格式化表格、红头文件固定格式、各类报告中，将“四段位”唯一件标识编码固定的项目代号、立卷单位、发文行政区域及发文主体等固定段位固定到空白表格、红头文件、规范化报告指定的位置，编辑为系统空表模板。用户根据需要，通过单位分部分项工序划分表、年度批次文件类别、散装、设计竣工图表的目录、声像等不同菜单，从模板中调出所需要的空白表格、空白红头文件及空白报告的第1页，输入必要的信息，系统自动在预先设定的位置生成编码和二维码。

特定一个建设项目及文件材料归档的责任单位，其项目代号、属性（也即立卷单位）是固定不变的。为减少空白表格、文件上显示的编码位数，项目代号和属性可以不在表格上显示。但系统管理后台的四段位全部生成。

因此，项目开工前，项目业主必须规范建设办或指挥部、各参建单位将来使用的各种表格、红头文件、报告，固定其基本格式，编辑成固定模板。同时，整理、编辑各类表格、报告、红头文件的范本，通过培训、宣讲等方式，统一、规范将来实际产生的各类文件材料编纂。

11.2 实现自动编码的条件

（1）内部自身形成的文件。项目业主、监理、承包商等参建单位自身形成的文件，利用本系统，均能实现系统全自动编码，自动生成二维码，为采用扫描或导入方式形成的数字文档录入、上传提供便捷途径。

建设期间,各参建单位不得各自独立增删、修改表格。如确实需要完善表格,必须由项目业主统一完成,编辑成模板,存储在系统中,以统一全线资料。

(2)内部自身形成,并与外来文组成闭合性文件。工作指令、工程变更、原文件材料抽检试验报告与厂家的试验报告等文件材料组成的闭合性文件,通常由多家单位共同形成。本导则以立卷单位形成的文件材料,或者上级批文为主件,其他单位提供的文件材料为附件。主件采用完整的自动编码,附件则采用流水号方式,系统实现自动编码。

范例:来宾至马山高速公路第3标段试验室2015年度抽检第154批水泥试验,同时,水泥厂家提供该批次水泥合格证、水泥出厂试验报告。这两份文件材料整理成一份闭合文件。

自动编码:以第3标段试验室抽检的试验报告为主件,水泥试验检测报告的编码为:S52GXLM·403·3〔2015〕BN01154·001。其含义为:广西武宣至平果高速公路来宾至马山段(S52GXLM),第3标段(403),施工质量控制文件(3),2015年度(〔2015〕),第154(154)批水泥试验检测报告(BN01),第1页(001)。从系统模板调入固定表格,输入必要信息,系统在固定位置自动生成该编码及二维码。设水泥各种检测试验表共有9页,均能自动生成二维码。厂家的合格证明文件材料为附件,采用扫描方式,其第1页的扫描流水号定义为011,该附件所有的扫描件继承前面三段位,自动添加流水,自动实现完整的"一页一码"。

(3)独立的外来文件。各种往来文件,多数自身有文件号,或者多为散装类文件(如设计文件),导入或扫描方式数字化后,只能依靠人工输入类别号,实现自动编码,生成二维码。

这类文件在办公室的往来文件等级中,通常记录有关键题目、文号、主题词、来文时间等信息。标识编码无法表达的信息,则在文件属性中添加,作为今后查询的关键词。

11.3 不同类别文件材料的自动编码

根据前面分析,公路工程立卷归档文件材料可以划分为单位分部分项等5大类。不同的文件材料,自动生成编码的方法略有差异。

11.3.1 单位分部分项工程的自动编码

单位分部分项工序工程划分表及编码可以采用手工，或者软件自动生成，并导入到系统中。某分项的任何一道工序的质保资料、质量评定、中间交工证书，需要打印空白表格，或在计算机系统上直接使用空白表格时，进入单位分部分项工序工程划分表菜单，从空表表格模板中调入所需要的表，系统在空白表格指定位置上自动生成编码、二维码，并将编码所隐含的部分信息映射到标题栏和信息区，减少人为填写，如图 11-1 所示。

广西来宾至马山高速公路

记录表R15　　　　沥青混凝土路面面层施工记录表

承包单位	广西壮族自治区公路桥梁工程总公司		合同号	No:1
监理单位	广西八桂工程监理咨询有限公司		编号	S52GXLM •404•3M01A02C01AR15
工程项目	K305+280.91~K307+220路面工程		施工时间	年 月 日
工程地点及桩号	K305+280.91～K306+581.05段18cm沥青混凝土面层		检查时间	年 月 日
具体部位	K305+280.91～K306+581.05段8cm沥青混凝土面层			
结构类型		拌和方式		

图 11-1　单位分部分项工序空白表格自动生成编码

11.3.2 “年度＋批次类＋表格”类文件材料的自动编码

年度批次类的归档文件材料可以再细分为以下几类，需要分类处理自动编码。

(1)试验检测数据记录及报告类。施工现场工序、交工验收检测数据的报告及记录，施工现场每道工序或中间交工验收检测的试验报告和试验记录，归档时，将其归入相应的工序组卷，属于单位分部分项工程归档类别。如灌砂法压实度，混凝土强度，平整度，厚度，无侧限抗压强度等试验记录和报告，在具体单位分部分项工序划分表中调入所需要的空白表格，自动生成编码和二维码，得到类似图 11-1 的效果。

(2)原材料试验和标准试验。原材料、标准试验这类表格所形成的归档文件材料，与单位分部分项工序无关。组卷、归档时，通常按照试验项目类别，以每批试验表格成套性、主件与附件关系，进行集中组卷。当采用空白表格，手工填写检测项目和检测数据，可以采用以下方法自动生成表格编码，并根据编码隐含的信息，映射到相应的标题栏、基本信息区：首先，系统设置原材料、标准试验试验一览表，从空白表格模板中调入一览表后，系统设置固定的“〔〕+具体表号代码”，预留批次位置；其次，从窗口中调出需要使用的空白表格，在〔〕中输入本次试验的年度、批次（系统默认上次的年度及批次，提示作用）；打印空白表时，系统自动将生成的编码、二维码及编码隐含的信息打印在指定的编号位置、标题栏及信息区。最后，打印空白表格。图 11-2 为来马路沥青混合料试验报告系统自动生成编码、二维码及标题栏、信息区的空白表格截图。

调出空白表后，填写好年度、批次等信息，另存文件，作为手工填写或电脑录入具体数据的表格。

B15　沥青混合料试验报告

试验单位(公章)					
施工单位	广西壮族自治区公路桥梁工程总公司		合同段：No:1		
监理单位	广西八桂工程监理咨询有限公司		编号：S52GXLM •404•3M01A02C01AB15		
工程项目	K305+280.91～K307+220路面工程		报告单位		
工程地点及桩号	K305+280.91～K306+581.05 18C		报告日期		
具体部位	K305+280.91～K306+581.05 18C		评定依据	JTG F40—2004;JTG F42—2005	
使用部位及桩号	[部位名称]		集料来源		
沥青品种、标号			集料种类		
击实温度			击实次数		
试验项目	试验方法	记录单编号	规范要求	试验结果	评定
理论密度(g/cm³)	T 0711—1993				

图 11-2　系统自动生成空白表格截图

（3）软件自动生成的试验报告和试验记录。高速公路项目业主采用交通运输部推荐的试验软件，按照《公路试验检测数据报告编制导则及释义手册[两册]》（JT/T 828—2012），试验结束后，根据试验检测数据，自动生成试验报告和试验记录。记录、报告中，均有软件自动生成的 7 位数的试验检测记录表唯一标识编码和 8 位数的试验检测数据报告唯一性标识编码。这两个编码，实际上就是表格的表号，不能作为档案管理的标识编码。

交通运输部软件自动生成的表格试验记录和试验报告均可以导出格式为 Excel 的电子版。为实现系统自动编码，可以采用以下方式：首先，将软件生成的试验报告和试验记录导入系统；其次，在导入过程中，系统读入表格的标识编码；然后，系统提示用户，输入年度、批次（原文件材料、标准试验类），或单位分部分项代码，在表格指定位置上自动生成本系统的编码和二维码。最后，打印出整份试验检测数据记录或报告。

当采用扫描方式，将试验检测数据记录和报告录入系统时，需要用户在扫描原始件上手工填写编码。或由软件代理商修改源代码，将7位数或8位数的唯一性标识编码互换为本系统的表号，并打印到表格指定位置。扫描、录入后，需要人工输入年度、批次，或单位分部分项工序代码。

(4)厂家合格证明文件材料类。水泥、钢筋等外购材料进场时，厂家必须提交每批出厂试验检测数据报告、合格证书。同时，承包商、监理要从这些进场材料中采集样品，送工地试验室，或委托有相应资质的检测机构进行抽检。材料整理归档时，通常将材料进场后采集的样品试验报告、试验记录作为主件，厂家合格证明材料作为附件，闭合成一份完整文件。抽检的试验报告自动或人工编码，厂家的试验检测数据证明材料作为附件。延续主件的项目代号、属性、类别编码，直接按系统自动生成的流水号作为后缀，加以区分。

(5)通用试验表格。有些试验表格，既适用于原材料、标准试验，也适用于施工现场工序、交工抽检。如水泥混凝土配合比设计和结构物现场抽检混凝土强度，均用到“水泥混凝土抗压强度试验检测记录表(立方体)”。但这两类试验材料整理、组卷不同，其编码也不一样。用户根据需要，分别在单位分部分项工序划分表或原材料、标准试验划分表中调入空白表格，输入相应信息，自动生成表格编号和二维码。

(6)红头文件类。项目业主在开工前，为各参建单位、项目指挥部或建设办的各职能部门设定固定红头文件发文部门的格式(如“桂交办基建〔〕号”)，在系统中制作专用的空白模板红头文件的扉页表头。类似试验报告方式，也可以达到自动生成编码和二维码的目的：输入年度、文件流水号(系统默认上次的年度及批次，提示作用)，调出空白红头文件，系统自动生成文件号及二维码。将空白的红头文件放入打印机，可以将文件打印到指定位置，完成自动生成二维码。

为保证红头文件的严肃性和简洁性，通常不需要单独设定唯一性标识编码，仅仅在不显眼的位置显示二维码。

红头文件从第 2 页开始，系统默认为附件，自动添加流水号加以区别。

(7)其他类文件材料。工地会议纪要、土地征用、分期计量等文件材料的第 1 页，固定空白表格模板，类似上面方法，全面实现自动编码，自动生成二维码。

12　二维码式编码

本导则将“四段位”编码所隐含的信息，在录入时辅助输入关键词、保管期限、时间等内容，利用二维码生成器生成二维码，打印在表格指定位置，实现数字档案文件材料自动录入、上传，并为文件材料组卷与排序、文件材料属性与类别、文件材料检索与查询等方面建立相关关系。利用二维码技术，本系统轻松地为项目法人、各参建单位将一长串的“字母＋数字”混合编码转换为二维码，简洁了归档文件材料上的页面。

12.1　二维码式编码

12.1.1　二维码生成原理

本课题引入的二维码 (2-dimensional Bar Code)，是用矩形几何图形按一定规律在平面(二维方向上)分布黑白相间的图形记录数据符号信息的。图 12-1 是采用“字母＋数字”组成的唯一性标识编码的其中一个二维码。

二维码的基本原理就是将数字、字母转换为 0 和 1 的二进制。用黑点像素表示二进制的“1”，白点像素表示二进制的“0”。这样，就可以将数字、字符混合的编码转换为二维矩形码。

图 12-1　“字母＋数字”组成的二维码

二维码的生成原理就是将混合的数字与字符转换为位流，整体构成一个数据的码字序列，通过纠错编码构造最终数据信息，对数据进行分块划分后将对应的信息放入矩阵中，实现二维码构图。

二维码生成的主要流程划分为：

(1)数据分析。对原始的数据进行分析，确定数据的类型，然后根据类型选择效率最高的编码模式。

(2)数据编码。根据数据分析得到的编码模式,将数据字节转换为二进制位流。

(3)纠错编码。采用纠错码技术生成相应的纠错码。如数据庞大,首先对数据进行分块,然后生成每个数据块的纠错码,按照分块顺序合并最终纠错码。

(4)布置模块。首先组合数据码和纠错码,合成最终的编码,根据需求布置在二维码矩阵中。

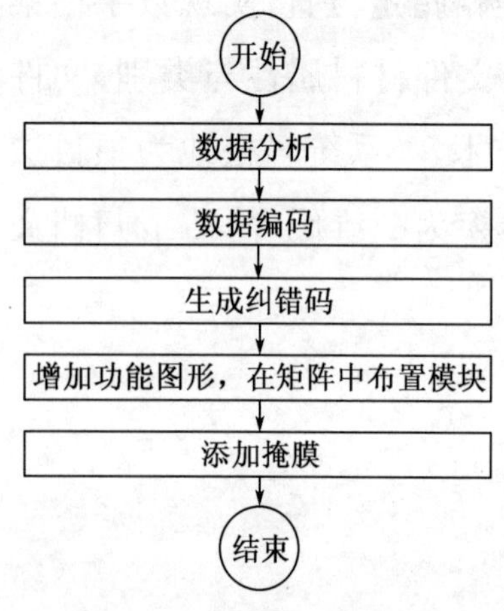

图 12-2　二维码生成流程

(5)掩膜。用不同的掩膜图对编码区进行掩膜处理。

二维码的生成流程如图 12-2 所示。

数字编码,从 0 到 9。将一串数字每 3 位数作为一组,每 3 位数字会被编成 10bits、12bits、14bits,最后的 1 位或 2 位数自动转换为 4bits 或 7bit。

字符编码,包括 0～9,大写的 A～Z,以及符号“$ % * + - . / :空格”。这些字符会映射成一个字符索引表。把字符两两分组,然后转成 45 进制,然后转成 11bits 的二进制,如果最后有一个落单的,那就转成 6bits 的二进制。

12.1.2　混合码生成二维码的方法

本导则采用“字母+数字”式混合编码。课题直接引用成熟的二维码技术,采用 QR code 二维码生成器,将唯一性标识编码生成二维码。在数字化处理后项目文件上传时,使用通用开元二维码主件识别器,配以简明识别软件,将二维码隐藏的信息还原为唯一性标识编码,减少人工重复输入标识编码,避免人为错误,降低人力成本,实现快速、便捷的信息化文件录入和上传。

12.1.3　系统操作

本导则专门开发了辅助程序,用户将模板中空白表格调出到指定的窗口,如单位分部分项工序,年度批次类窗口,系统自动生成唯一性标识编码。QR code 二维码生成器在表格指定位置生成黑、白像素的矩形二维码。

12.2　二维码式数据编码

“四段位”式唯一性标识编码所隐含的信息，还不足以满足文件的检索、查询。例如，各类红头文件的题目、主题词、来文时间，工程档案的生成时间、保管期限，实体档案的载体形式等信息，在标识编码中无法体现。

为了在二维码中保存更为详细的基础信息，除了保存唯一标识编码外，我们还需在二维码中保存文件的基础信息，以供用户查询使用。

二维码保存文件的基础信息采用现行 GB 2312 的形式，最大可以保存 7445 个字符，足够满足常用的基础信息量。

12.3　计算机辅助编码外来文件

采用本系统模板空白表格，均能实现归档文件材料自动编码，自动生成二维码。非本系统所形成的文件，定义为外来文件，如从项目建议书、工程可行性研究、施工图设计到招投标文件等项目前期文件，甚至在应用本系统使用之前没有计算机自动编码和生成二维码的文件。

外来文件的编码，需要手工操作、计算机辅助来实现编码，生成二维码。

12.3.1　外来文件编码准备

外来文件也同样划分为 5 大类。

调出本系统提供的固定模板表格，根据外来文件的信息(如上级来文的文号、来文单位、内容、归档类别)，录入到空白表格中。同时根据本导则的编码规则，录入外来文件的“项目属性”、“类别”这两段位编码(“项目代号”段位系统默认；“流水号”段位系统根据扫描或导入的文件，自动添加)，完成了计算机辅助编码的准备工作。

各项目建设期间所收集的外来文件，通常按照来文时间先后顺序来临时组卷，并建立临时台账。在本系统提供的固定表格中填入或导入临时台账的信息后，系统将自动生成编码和二维码。

12.3.2 计算机辅助编码

系统根据录入的信息，按照台账的顺序，自动生成编码和二维码。同时，将台账中提供的文件信息，作为文件的属性，在文件录入时，自动读入到文件中。将外来文件的主件（如外来文件红头文件的第 1 页）插入打印机，点击需要打印的编码或矩形二维码，文件的编码或矩形二维码自动在指定位置打印。

12.3.3 外来文件附件的编码

这类外来文件，通常通过扫描方式实现数字化处理。主件（第 1 页）赋予唯一标识编码后，附件（第 2 页起算）继承第 1 页的前三段位标识编码，通过流水号加以区分。根据扫描次序，系统自动添加流水号，从而实现一页一码。

为保持外来文件的简洁性，系统默认将矩形二维码打印到指定位置。如用户需要将二维码、唯一性标识编码全部打印，通过选择来实现。

13 标识编码唯一性的论证

13.1 Multilevel CodingTree 模型档案标识编码

针对课题创建的"项目代号＋属性＋类别＋流水号"四段位编码方案，课题提出了基于 Multilevel CodingTree 模型，采用概率分析、试验测试和命题证明等手段。

依据国家档案局，交通运输部有关标准、规范、文件，建立 Multilevel CodingTrcc 模型，研究公路工程立卷归档文件材料的标识编码，其树状结构图如图 13-1 所示。

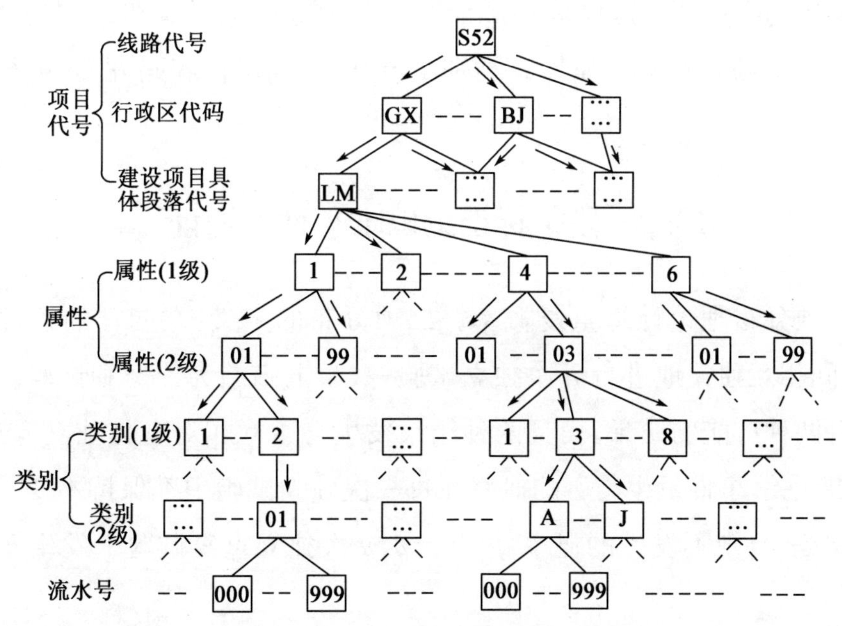

图 13-1　Multilevel CodingTree 模型

从图 13-1 可以看出，公路文档的标识编码可以基于多叉树结构进行建模。编码的树型模型 Multilevel CodingTree 如下：

CodingTree＝(Root，Nodes，Leaves)，其中：

(1)Root 是根结点,代表一条公路。

(2)Nodes 是非根、非叶子结点的集合,该类结点代表各类档案文件的分类。

(3)Leaves 是叶子结点的集合,该类结点代表具体的档案文件。

(4)nodei. father 表示结点 nodei 的父结点。

(5)nodei. child[j]表示结点 nodei 的第 j 个子结点。

(6)nodei. value 表示结点 nodei 的值。

(7)任取 nodei 和 nodej(nodei $\notin$ Root 且 nodej $\notin$ Root),如果 nodei. father= nodej. father,则 nodei. value= nodej. value。

(8)nodei. path 是从根结点开始到结点 nodei 的完整路径,该结点在整个树型结构中的编码, 即:

nodei. path=root. value+…+nodei. father. value+nodei. value,“+”表示字符串的连接运算。

根据 CodingTree 定义中的(7)可知,任何结点没有两个值相同的子结点,从而确保了编码的唯一性。这也是 CodingTree 区别于一般多叉树结构的地方。基于该模型,设计“项目代号+属性+类别+流水号”四段位编码方案,进行唯一性论证。

13.2 段位标识编码唯一性的论证

采用二项分布理论计算重复概率。二项分布的定义:在同样的条件下重复地、各次之间相互独立地进行 n 次独立试验,数学上归结为伯努利试验。在每次试验中只有两种可能的结果,而且两种结果发生与否互相对立且独立,与其他各次试验结果无关,事件发生与否的概率在每一次独立试验中都保持不变。若事件发生的概率是 p,则不发生的概率 $q=1-p$,n 次独立重复试验中发生 k 次的概率是:

$$P(\xi = k) = \mathrm{C}(n,k) \times pk \times (1\text{-}p)n - k \tag{13-1}$$

式中,$\mathrm{C}(n, k) = n!\ /[k! \times (n-k)!]$

参考二项分布的定义,将项目的起讫位置地名拼音字母码组合的比较当成抽取试验。抽取试验是每次从若干个字母中任取两个构成一个字母对,重复 n 次,然后对抽取结果进行比较并统计有多少个字母对重复。抽取试验只有两种互斥且独立的结果，即重复与不重复。每次抽取试验都相互独立，并且对于同一数据集其重复的概率不会发生变化。通过以上分析可见，进行 n 次项目的起讫位置地名拼音字母对的比较，字母对发生重复的 k 次是一个服从二项分布 $B(n,p)$ 的随机变量。

设项目的起讫位置地名字母码组合的样本空间为 $\Omega=\{A_1,A_2,A_3,\cdots,A_n\}$，在地名数量为 $m(m>1)$ 的情况下：

$$n=\mathrm{C}_m^2 \tag{13-2}$$

由于重复次数大于两次的概率值极小，所以在概率计算时仅计算重复一次和两次的情况。下面分别针对建设项目具体段落代号编码的两种构成情况进行讨论。

在采用路段起讫位置地名的第一个字母码组合的情况下，假设用 p_1 表示每次比较发生重复的概率，q_1 是每次比较不重复的概率，则有：

$$p_1=\frac{1}{m}\cdot\frac{1}{m-1}\cdot\frac{1}{2} \tag{13-3}$$

$$q_1=1-p_1 \tag{13-4}$$

式中，p_1 表示先从 m 个地名中随机抽取一个地名的首字母作为起始地首字母，再从 $m-1$ 个地名中随机抽取一个地名的首字母作为终点首字母的概率。由于结果要么重复，要么不重复，因此再乘上 1/2。所以，第一种情况下比较 n 次发生重复的概率如下：

$$p_1=\sum_{j=1}^{2}p_j(x=j)=\sum_{j=1}^{2}\{\binom{n}{j}(p_1^j q_1^{n-j})\} \tag{13-5}$$

式中，x 为概率计算上的一个表示，即求 $x=j$ 的概率，其中 j 的取值从 1 到 2。

当起讫地名首字母组合同名时取起点或终点地名第二个字母码的情况下，假设用 p_2 表示每次比较发生重复的概率，q_2 是每次比较不重复的概率，则有：

$$p_2=\frac{1}{m}\cdot\frac{1}{m}\cdot\frac{1}{m-1}\cdot\frac{1}{2} \tag{13-6}$$

$$q_2=1-p_2 \tag{13-7}$$

式中，p_2 表示先从 m 个地名中随机抽取一个地名的首字母作为起始地首字母，由于同一个地名的第二个字母可能与第一个字母不一样，因此可看成再从 m

个字母中抽取一个作为起始地的第二个字母，接着从 $m-1$ 个地名中随机抽取一个地名的首字母作为终点首字母，由于结果要么重复，要么不重复，因此再乘上 1/2。所以，第二种情况下比较 n 次发生重复的概率如下：

$$p_2 = \sum_{j=1}^{2} p_j(x=j) = \sum_{j=1}^{2}\{\binom{n}{j}(p_2^j q_2^{n-j})\} \tag{13-8}$$

13.3　段位组合唯一性的论证

证明了各段位的唯一性后，还要证明四段位组合起来整体标识编码的唯一性。用反证法论证组合码的唯一性。

命题：在高速公路树形编码中，不存在编码相同的叶结点。

证明：用反证法。

设结点 N_a 和 N_b 的编码是相同的，记为 $e_1,e_2,\cdots,e_m$，即 $\mathrm{IDN}(N_a{}')=\mathrm{IDN}(N_b{}')$。因为都是树中的结点，必存在共同的祖先结点（至少树的根结点是所有非根结点的祖先结点）。设其编码为 $e_1,e_2,\cdots,e_m$，其祖先结点分别为 $N_a{}'$、$N_b{}'$。显然 N_a、N_b 是兄弟结点，所以 $\mathrm{RID}(N_a)=\mathrm{RID}(N_b)$，即 N_a、N_b 的相对编码的长度相同。因为祖先结点的绝对编码是后代结点绝对编码的子串，因此，$\mathrm{IDN}(N_a{}')=e_1,e_2,\cdots,e_{m-k}$，$\mathrm{IDN}(N_b{}')=e_1,e_2,\cdots,e_{m-k}$。

又因为 $N_a{}'$、$N_b{}'$是兄弟结点，所以 $\mathrm{RID}(N_a{}')=\mathrm{RID}(N_b{}')$，这就与树形编码系统中兄弟结点的相对编码的互异性相矛盾。所以，高速公路树形编码系统中不存在编码完全相同的 2 个结点。

课题选取全国 29 个省、自治区、直辖市的 2315 个地名和途经以上地区的 592 条高速公路的数据进行试验分析，由建设项目起讫地名拼音首字母组合的重复率最大为 $4.8\times10^{-3}\%$；由起或讫地名拼音字母第 1～2 个字母与讫或起地名首字母组合的 3 个字母组合的重复率都为 0，从而证明了编码的唯一性。该编码方案为高速公路信息化建设中各类文件提供了唯一的编码，达到一页（件、卷）一码，是一种有效的、与工程性质建立相关关系的编码。

14 《公路数字档案管理系统》简介

《公路数字档案管理系统》是基于公路唯一性编码规则而开发，使用 B/S 构架，以 VS. NET 开发平台，基于 ASP. NET、JavaScript、JQuery、AJAX 和 CSS 技术开发，采用 MS－SQL 数据库对数据进行处理，以模块方式为用户，打开浏览器输入相应的网址即可使用，实现远程、异地，公网或单位局域网上使用。数字化档案云存储系统架构图如图 14-1 所示。

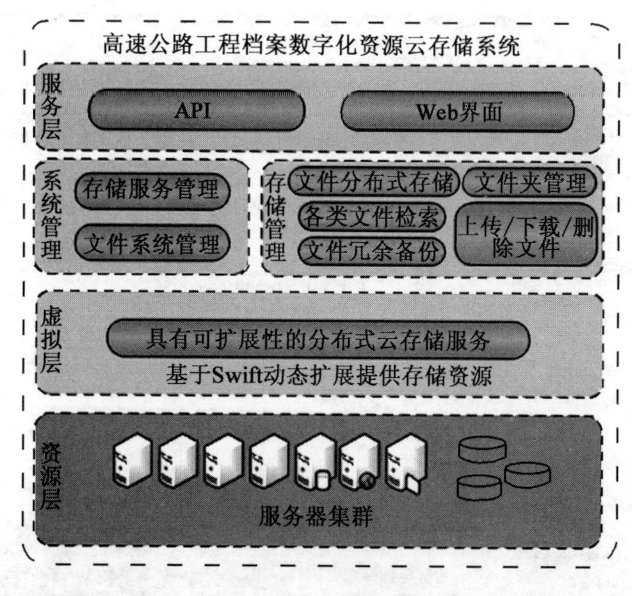

图 14-1　数字化档案云存储系统架构图

14.1　主要功能模块

14.1.1　自动生成单位、分部、分项工程划分表和标识编码

输入结构物桩号、类型、部位、名称等参数，系统自动生成 Excel 文件格式的单位分部分项工程划分表。

施工过程中，隧道围岩类型、支护结构等经常变动，其分项(部)也随之变更。

系统提供变更窗口，跟踪变化，实时更新单位分部分项工程划分表。

14.1.2 二维码表格生成及下载功能

用户指定单位分部分项工程和工序，系统生成该工序的空白表格和标识编码，并将编码生成二维码图片，在空白表格的信息栏自动生成对应的信息，如图 11-1、图 11-2 所示。

14.1.3 采集录入功能

通过扫描或格式转换的方式，系统读入二维码信息，自动识别(图 14-2)，并以编码和流水号对 PDF 进行重命名。通过打包方式上传到服务器。

图 14-2 二维码自动识别

14.1.4 排序组卷功能

利用唯一性标识编码，系统可以根据用户需求，有选择地实现不同目的的材料排序和组卷，解决了纸质载体档案唯一的组卷方式。

14.1.5 多途径检索

利用标识编码的唯一性及相关性，系统实现了按结构导航、单位分部分项及项目案卷总目录三大途径及衍生的18种单个或多个组合方式的多途径检索。

14.1.6 计量资料在线审核功能

系统为项目业主对施工单位、监理单位及监理对承包人的每期计量对应的质保资料提供在线审核，并提出整改意见。

14.1.7 辅助功能

系统提供了包括案卷封面、卷内目录自动生成、常用工具下载、范本查看、资料统计、系统管理等的辅助功能。

14.2 系统的创新性

与国内同类的软件相比，除了涵盖一般软件所具有的常规功能外，系统在以下方面具有独特的创新性和优越性。

(1)基于唯一性标识编码而开发系统的设计实现。基于公路数字档案的唯一性标识编码，采用微软 Windows 2008 Server 服务器；MS-Sql Server 2005 以上版本数据库系统，.NET 核心技术，开发了具有管理、编码管理、录入、上传、组卷、检索、下载和二维码功能的八大模块及子模块。

(2)自动生成标识编码及二维码。根据生成的单位分部分项工程划分表，系统自动在每张表格信息区栏生成相关信息，并自动生成唯一的二维码标识编码。

(3)自动录入、上传。利用二维码技术，系统将扫描或导入的数字信息处理材料，自动录入、上传，极大地避免了人工误录，并极大提高录入速度。

(4)多样性组卷。利用标识编码的关联性，系统根据用户需要实现多样性组卷。

(5)多途径检索。建立标识编码与档案材料性质的相关关系，输入检索材料的中文信息，可以准确地查询到该文件内容并显示出该文件的“族谱”相关信息。

(6)兼容性强。系统可以与通用的OA系统、计量系统互通，实现信息共享。

同时，兼容当下流行的多种浏览器，支持从外界应用系统对文档管理数据库进行文档数据的存取操作，实现系统的整合。

系统经来宾至马山、马山至平果、河池至都安、南宁机场至大塘等600km高速公路检验，运行稳定，取得了巨大的经济效益和社会效益，起到了引领、示范作用。

附录A 国家高速公路网路线命名及编号(附表A-1～附表A-4)

国家高速公路网"7条放射线"命名和编号　　附表A-1

序　号	全　称	简　称	编　号
1	北京—哈尔滨高速公路	京哈高速	G1
2	北京—上海高速公路	京沪高速	G2
3	北京—台北高速公路	京台高速	G3
4	北京—港澳高速公路	京港澳高速	G4
并行线	广州—澳门高速公路	广澳高速	G4W
5	北京—昆明高速公路	京昆高速	G5
6	北京—拉萨高速公路	京藏高速	G6
7	北京—乌鲁木齐高速公路	京新高速	G7

国家高速公路网"9条纵线"及联络线命名和编号　　附表A-2

序　号	全　称	简　称	编　号
1	鹤岗—大连高速公路	鹤大高速	G11
联络线	鹤岗—哈尔滨高速公路	鹤哈高速	G1111
	集安—双辽高速公路	集双高速	G1112
	丹东—阜新高速公路	丹阜高速	G1113
2	沈阳—海口高速公路	沈海高速	G15
并行线	常熟—台州高速公路	常台高速	G15W

续上表

序　号	全　称	简　称	编　号
联络线	日照—兰考高速公路	日兰高速	G1511
	宁波—金华高速公路	甬金高速	G1512
	温州—丽水高速公路	温丽高速	G1513
	宁德—上饶高速公路	宁上高速	G1514
3	长春—深圳高速公路	长深高速	G25
联络线	新民—鲁北高速公路	新鲁高速	G2511
	阜新—锦州高速公路	阜锦高速	G2512
	淮安—徐州高速公路	淮徐高速	G2513
4	济南—广州高速公路	济广高速	G35
5	大庆—广州高速公路	大广高速	G45
联络线	龙岗—河源高速公路	龙河高速	G4511
6	二连浩特—广州高速公路	二广高速	G55
联络线	集宁—阿荣旗高速公路	集阿高速	G5511
	晋城—新乡高速公路	晋新高速	G5512
	长沙—张家界高速公路	长张高速	G5513
7	包头—茂名高速公路	包茂高速	G65
8	兰州—海口高速公路	兰海高速	G75
联络线	钦州—东兴高速公路	钦东高速	G7511
9	重庆—昆明高速公路	渝昆高速	G85
联络线	昆明—磨憨高速公路	昆磨高速	G8511

国家高速公路网"18 条横线"及联络线命名和编号　　附表 A-3

序　号	全　称	简　称	编　号
1	绥芬河—满洲里高速公路	绥满高速	G10
联络线	哈尔滨—同江高速公路	哈同高速	G1011
2	珲春—乌兰浩特高速公路	珲乌高速	G12
联络线	吉林—黑河高速公路	吉黑高速	G1211
	沈阳—吉林高速公路	沈吉高速	G1212
3	丹东—锡林浩特高速公路	丹锡高速	G16
4	荣成—乌海高速公路	荣乌高速	G18
联络线	黄骅—石家庄高速公路	黄石高速	G1811
5	青岛—银川高速公路	青银高速	G20
联络线	青岛—新河高速公路	青新高速	G2011
	定边—武威高速公路	定武高速	G2012
6	青岛—兰州高速公路	青兰高速	G22
7	连云港—霍尔果斯高速公路	连霍高速	G30
联络线	柳园—格尔木高速公路	柳格高速	G3011
	吐鲁番—和田及伊尔克什坦高速公路	吐和高速	G3012、G3013
	奎屯—塔城高速公路	奎塔高速	G3014
	奎屯—阿勒泰高速公路	奎阿高速	G3015
	清水河—伊宁高速公路	清伊高速	G3016
8	南京—洛阳高速公路	宁洛高速	G36
9	上海—西安高速公路	沪陕高速	G40

续上表

序　号	全　称	简　称	编　号
联络线	扬州—溧阳高速公路	扬溧高速	G4011
10	上海—成都高速公路	沪蓉高速	G42
联络线	南京—芜湖高速公路	宁芜高速	G4211
	合肥—安庆高速公路	合安高速	G4212
11	上海—重庆高速公路	沪渝高速	G50
联络线	芜湖—合肥高速公路	芜合高速	G5011
12	杭州—瑞丽高速公路	杭瑞高速	G56
联络线	大理—丽江高速公路	大丽高速	G5611
13	上海—昆明高速公路	沪昆高速	G60
14	福州—银川高速公路	福银高速	G70
联络线	十堰—天水高速公路	十天高速	G7011
15	泉州—南宁高速公路	泉南高速	G72
联络线	南宁—友谊关高速公路	南友高速	G7211
16	厦门—成都高速公路	厦蓉高速	G76
17	汕头—昆明高速公路	汕昆高速	G78
18	广州—昆明高速公路	广昆高速	G80
联络线	开远—河口高速公路	开河高速	G8011

国家高速公路网“5条地区环境”及联络线命名和编号　　附表 A-4

序　号	全　称	简　称	编　号
1	辽中地区环线高速公路	辽中环线高速	G91
2	杭州湾地区环线高速公路	杭州湾环线高速	G92
联络线	宁波—舟山高速公路	甬舟高速	G9211
3	成渝地区环线高速公路	成渝环线高速	G93
4	珠江三角洲地区环线高速公路	珠三角环线高速	G94
联络线	东莞—佛山高速公路	东佛高速	G9411
5	海南地区环线高速公路	海南环线高速	G98

附录B 广西高速公路网路线命名及编号

序号	路线名称	全称	编号	简称	主要控制点	备注
横1	灌阳(永安关)—三江(唐朝)高速公路	灌阳—三江高速公路	S10	灌三高速	兴安、龙胜、三江	部分路段与G76厦蓉、G72泉南、G65包茂重合
横2	贺州(灵峰)—隆林(板坝)高速公路、支线桂林—河池	汕头—昆明高速公路	G78	汕昆高速	贺州、钟山、平乐、阳朔、荔浦、鹿寨、柳州、宜州、河池、东兰、巴马、百色、田林、隆林	全线与G78汕昆高速重合，预留编号S20
		桂林—河池高速公路	S22	桂河高速	桂林、罗城、河池	
横3	贺州—巴马高速公路	贺州—巴马高速公路	S30	贺巴高速	贺州、昭平、蒙山、金秀、象州、忻城、都安、巴马	
横4	苍梧(龙眼咀)—硕龙高速公路、支线梧州—柳州	苍梧—硕龙高速公路	S40	苍硕高速	苍梧、梧州、藤县、平南、桂平、贵港、宾阳、武鸣、隆安、大新	
		梧州—柳州高速公路	S42	梧柳高速	梧州、藤县、平南、金秀、象州、柳州	
横5	岑溪(筋竹)—百色(罗村口)高速公路、支线武宣—平果	筋竹—岑溪高速公路	S50	筋岑高速	筋竹(广东省界)、岑溪市	
		广州—昆明高速公路	G80	广昆高速	岑溪、玉林、横县、南宁、隆安、平果、田东、田阳、百色(罗村口)	岑溪市—罗村口与G80广昆高速重合
		武宣—平果高速公路	S52	武平高速	武宣、来宾、上林、平果	

续上表

序号	路线名称	全称	编号	简称	主要控制点	备注
横6	合浦(山口)—那坡(弄内)高速公路、支线崇左—水口	合浦—那坡高速公路	S60	合那高速	合浦、钦州、崇左、靖西、那坡	合浦(山口)—钦州(卜家互通)与G75兰海高速重合
		崇左—水口高速公路	S62	崇水高速	崇左、龙州、水口	
纵1	龙胜(思陇)—岑溪(水汶)高速公路、支线钟山—富川、贺州联线	包头—茂名高速公路	G65	包茂高速	龙胜、桂林、阳朔、平乐、钟山、梧州、岑溪	全线与G65包茂高速重合，预留编号S11
		钟山—富川高速公路	S13	钟富高速	钟山、富川	
		贺州联线高速公路	—	贺州联线	贺州	与贺州绕城线重合，以绕城线为主命名
纵2	资源(梅溪)—铁山港高速公路、支线松旺—铁山港东岸	资源—铁山港高速公路	S21	资铁高速	资源、恭城、平乐、荔浦、蒙山、平南、玉林、博白、铁山港	
		松旺—铁山港高速公路	S23	松铁高速	博白松旺、铁山港东岸	
纵3	三江—北海高速公路	三江—北海高速公路	S31	三北高速	三江、融安、柳州、武宣、贵港、浦北、合浦、北海	
纵4	全州(黄沙河)—友谊关高速公路、支线六景—钦州港、支线北流(清湾)—南宁(苏圩)	泉州—南宁高速公路	G72	泉南高速	全州、兴安、桂林、柳州、来宾、南宁	全线与G72泉南和G7211南友高速重合，预留编号S41
		南宁—友谊关高速公路	G7211	南友高速	南宁、崇左、宁明、凭祥(友谊关)	
		六景—钦州港高速公路	S43	六钦高速	六景、钦州、钦州港	
		北流—南宁高速公路	S45	北南高速	陆川、博白、浦北、灵山、钦州、苏圩	实为横线
纵5	桂林—柳州—南宁高速公路第二通道	桂林—柳州—南宁高速公路第二通道	S51	桂南二线	桂林、柳城、柳州、合山、上林、宾阳、南宁	

续上表

序号	路线名称	全称	编号	简称	主要控制点	备注
纵 6	南丹(六寨)—东兴高速公路	兰州—海口高速公路	G75	兰海高速	南丹、河池、都安、马山、武鸣、南宁、钦州	全线与 G75 兰海高速和 G7511 钦东高速重合，预留编号 S61
		钦州—东兴高速公路	G7511	钦东高速	钦州、防城港、东兴	
纵 7	天峨(黔桂界)—龙邦高速公路	天峨—龙邦高速公路	S71	天龙高速	乐业、凌云、百色、德保、靖西、龙邦	
	城市绕城高速公路	南宁市绕城高速公路	G7201	南宁绕城高速		全线与 G7201 重合
		贺州市绕城高速公路	S1301	贺州绕城高速		
		玉林市绕城高速公路	S2101	玉林绕城高速		
		桂林市绕城高速公路	S2201	桂林绕城高速		
		柳州市绕城高速公路	S3101	柳州绕城高速		
		梧州市绕城高速公路	S4001	梧州绕城高速		
		崇左市绕城高速公路	S6001	崇左绕城高速		
		百色市绕城高速公路	S7101	百色绕城高速		

附录C 省、自治区、直辖市特别行政区代码

名　称	罗马字母拼写	数 字 码	字 母 码
北京市	Beijing Shi	110000	BJ
天津市	Tianjin Shi	120000	TJ
河北省	Hebei Sheng	130000	HE
山西省	Shanxi Sheng	140000	SX
内蒙古自治区	Nei Mongol Zizhiqu	150000	NM
辽宁省	Liaoning Sheng	210000	LN
吉林省	Jilin Sheng	220000	JL
黑龙江省	Heilongjiang Sheng	230000	HL
上海市	Shanghai Shi	310000	SH
江苏省	Jiangsu Sheng	320000	JS
浙江省	Zhejiang Sheng	330000	ZJ
安徽省	Anhui Sheng	340000	AH
福建省	Fujian Sheng	350000	FJ
江西省	Jiangxi Sheng	360000	JX
山东省	Shandong Sheng	370000	SD
河南省	Henan Sheng	410000	HA

续上表

名　称	罗马字母拼写	数 字 码	字 母 码
湖北省	Hubei Sheng	420000	HB
湖南省	Hunan Sheng	430000	HN
广东省	Guangdong Sheng	440000	GD
广西壮族自治区	Guangxi Zhuangzu Zizhiqu	450000	GX
海南省	Hainan Sheng	460000	HI
重庆市	Chongqing Shi	500000	CQ
四川省	Sichuan Sheng	510000	SC
贵州省	Guizhou Sheng	520000	GZ
云南省	Yunnan Sheng	530000	YN
西藏自治区	Xizang Zizhiqu	540000	XZ
陕西省	Shaanxi Sheng	610000	SN
甘肃省	Gansu Sheng	620000	GS
青海省	Qinghai Sheng	630000	QH
宁夏回族自治区	Ningxia Huizu Zizhiqu	640000	NX
新疆维吾尔自治区	Xinjiang Uygur Zizhiqu	650000	XJ
台湾省	Taiwan Sheng	710000	TW
香港特别行政区	Hong Kong Tebiexingzhengqu	810000	HK
澳门特别行政区	Macao Tebiexingzhengqu	820000	MO

附录 D　公路工程项目文件归档范围

第一部分　综 合 文 件

一、竣（交）工验收文件

（一）竣工验收文件

（二）交工验收文件

（三）工程单项验收文件（环保、档案等）

（四）各参建单位总结报告

（五）接管养护单位项目使用情况报告

二、建设依据及上级有关指示

（一）项目建议书及批准文件

（二）工程可行性研究报告及批准文件

（三）水土保持批准文件

（四）环境影响评价及批准文件

（五）文件调查、保护等文件

（六）初步设计文件及批准文件

（七）施工图设计文件及批准文件

（八）设计变更文件及批准文件

（九）设计中重大技术问题往来文件、会议纪要

（十）施工许可批准文件

（十一）上级单位有关指示

三、征地拆迁资料

（一）征地拆迁合同协议

（二）征地批文

(三)征用土地数量一览表

(四)占地图及土地使用证

(五)拆迁数量一览表

四、工程管理文件

(一)招标文件

(二)投标文件、评标报告

(三)合同书、协议书

(四)技术文件及补充文件

(五)建设单位往来文件

(六)工程质量责任登记表

(七)其他文件及资料

第二部分　决算和审计文件

一、支付报表

二、财务决算文件

三、工程决算文件

四、项目审计文件

五、其他文件

第三部分　监 理 资 料

一、监理管理文件

二、工程质量控制文件

(一)质量控制措施、规定及往来文件

(二)监理独立抽检资料(注:编排顺序参照第四部分)

(三)交工验收工程质量评定资料

三、工程进度计划管理文件

四、工程合同管理文件

五、其他文件

六、其他资料

(一)监理日志,会议记录、纪要,工程照片,音像资料

(二)监理机构及人员情况,各级监理人员的工作范围、责任划分、工作进度

第四部分 施 工 资 料

一、竣工图表

(一)变更设计一览表

(二)变更图纸

(三)工程竣工图

二、工程管理文件

施工组织机构及人员,岗位责任划分,施工组织设计,技术交底文件,会议纪要等

三、施工质量控制文件

(一)工程质量管理文件

1. 工程质量往来文件(质量保证体系,专项技术方案等)

2. 工程质量自检报告及工程质量检验评定资料

3. 工程质量事故及处理情况报告、补救后达到要求的认可证明文件

4. 桥梁荷载试验报告

5. 桥梁基础检验汇总资料

6. 施工中遇到的非正常情况记录、处理方案、施工工艺、质量检测记录及观察记录、对工程质量影响分析

7. 交工验收施工单位的自检评定资料

(二)材料及标准试验

1. 原材料、外购成品、半成品抽检试验报告及资料

2. 外购材料(产品)出厂合格证书、检验报告及质量鉴定报告

3. 各种标准试验、配合比设计报告

(三)施工工序资料

1.路基工程

(1)路基土石方工程

Ⅰ.地表处理资料

Ⅱ.不良地质处理方案、施工资料、检测资料

Ⅲ.分层压实资料

Ⅳ.路基检测、验收资料

Ⅴ.分段资料汇总

(2)防护工程

Ⅰ.基坑放样、开挖处理、试验检测资料

Ⅱ.各工序施工记录、检测、试验资料

Ⅲ.成品检测资料

Ⅳ.砂浆(混凝土)强度试验资料

(3)小桥工程

Ⅰ.基坑放样、开挖处理、试验检测资料

Ⅱ.基础施工检查、试验资料,桩基检测资料

Ⅲ.各分项施工工序检查、成品检测资料

Ⅳ.砂浆强度、混凝土强度、台背回填压实度等试验报告及汇总表

(4)排水工程

Ⅰ.基坑放样、开挖处理、试验检测资料

Ⅱ.各施工工序检查、成品检测资料

Ⅲ.砂浆、混凝土强度试验资料

(5)涵洞工程

Ⅰ.基坑放样、开挖处理、试验检测资料

Ⅱ.各施工工序检查、成品检测资料

Ⅲ.砂浆强度、混凝土强度、台背回填压实度等试验报告及汇总表

2.路面工程

(1)施工工序检查资料

(2)材料配合比抽检(油石化、马歇尔试验等)资料

(3)压实度、弯沉、强度等试验检测报告及汇总资料

3.桥梁工程

(1)基坑放样、开挖处理、试验检测资料

(2)基础施工检查、试验资料,桩基检测资料

(3)墩台、现浇构件、预制构件、预应力等施工工序检查、成品检测资料

(4)各工序施工、检测记录

(5)砂浆强度、混凝土强度、台背回填压实度等试验报告及汇总表

(6)引道工程施工检测、试验资料

4.隧道工程

(1)洞身开挖施工、检查资料

(2)衬砌施工、检验资料

(3)隧道路面工程施工、检查资料

(4)照明、通风、消防设施施工、检查资料

(5)洞口施工检查资料

(6)各种附属设施检验施工资料

(7)各环节工序检查、验收资料

(8)隧道衬砌厚度、混凝土(砂浆)强度试验检测资料

5.交通安全设施

(1)各种标志牌制作安装检查记录

(2)标线检查资料、施工记录

(3)防撞护栏、隔离栅及附属设施施工,检查资料

(4)照明系统施工、检测资料

(5)各中间环节检测资料

(6)成品检测资料

6.房屋建筑工程

按建筑部门有关法规、资料编制办法管理、汇总。

7.机电工程

8.绿化工程

(四)缺陷责任期资料

四、施工安全及文明施工文件

(一)安全生产的有关文件

安全组织机构及人员、岗位责任、安全保证体系、施工专项技术方案、技术交底文件等。

(二)安全事故的调查处理文件

(三)文明施工的有关文件

五、进度控制文件

(一)进度计划(文件、图表)、批准文件

(二)进度执行情况(文件、图表)

(三)有关进度的往来文件

六、计量支付文件

七、合同管理文件

八、施工原始记录

(一)施工日志

(二)天气、温度及自然灾害记录

(三)测量原始记录

(四)各工序施工原始记录(未汇入施工质量控制文件的部分)

(五)会议记录、纪要

(六)施工照片、音像资料

(七)其他原始记录

第五部分 科研、新技术资料

一、科研资料

二、新技术应用资料

(批准的所有科研、新技术资料的均要整理归档)

附录 E-1　路基单位分部分项工程划分及编码

单位工程	分部工程	分项工程	备注
路基工程(大标段每10km路段为一个单位工程，小标段通常每个标段为一个单位工程)，编号依次为101、102、103	路基土石方工程(按1～3km路段为单元)，编号依次为101、102、103、104	土方路基(依次为101、102、…)	相邻桥梁之间、相邻隧道之间，或桥隧之间，长度在小于3km的连续土方段为一个分项工程
		石方路基(依次为201、202、…)	同上
		软土地基(依次为301、302)	每段一个分项，特指非换填处理的软土地基
		土工合成材料处治层(依次为401、402、403)	按自然段，每处一个分项工程
	排水工程，按1～3km路段为单元，编号依次为201、202、203、204	管道基础及管节安装(101)	按自然段或整公里
		检查(雨水)井砌筑(201)	按每处一评定
		土沟(301、302)	按整公里或分部段落
		浆砌片石排水沟(边沟401、排水沟402、截水沟403、急流槽404)	按分部工程段落
		盲沟(501)、渗沟(502)、跌水(503)、水簸箕(504)	按分部段落，每种类型段
		排水泵站(601)，集水井(602)	按分部工程段落，每种类型段
		管节预制(701、702)	每道涵洞，或每批，或每段落，每类型
		管节钢筋加工及安装(801、802)	每道涵洞，或每批，或每段落，每类型

续上表

<table>
<tr><th>单位工程</th><th>分部工程</th><th>分项工程</th><th>备注</th></tr>
<tr><td rowspan="17">路基工程(大标段每10km路段为一个单位工程,小标段通常每个标段为一个单位工程),编号依次为101、102、103</td><td rowspan="5">小桥及符合小桥标准的通道,每座为一个分部,编号依次为301、302、303</td><td>基础及下部构造(101)</td><td rowspan="10">整座桥,包括左右幅,凡在大、中桥中属于分项工程的每一个分项工程,均下位为小桥的子分项。举例:0号台,1号台中的基础及下部构造所包含的子分项,填写分项评定表后,全部用评定汇总表汇总统计得分。各子分项的分项评定表的编号,在同类评定表的流水号中加以区别</td></tr>
<tr><td>上部构造预制、安装或浇筑(201)</td></tr>
<tr><td>桥面(301)</td></tr>
<tr><td>栏杆(401)</td></tr>
<tr><td>人行道(501)</td></tr>
<tr><td rowspan="5">天桥,每座为一个分部,依次编号为401、402、403;渡槽,每座为一个分部工程,编号依次为501、502、503</td><td>基础及下部构造(101)</td></tr>
<tr><td>上部构造预制、安装或浇筑(201)</td></tr>
<tr><td>桥面(301)</td></tr>
<tr><td>栏杆(401)</td></tr>
<tr><td>人行道(501)</td></tr>
<tr><td rowspan="3">涵洞、通道(桩号按1～3km,编号依次为601、602、603)每一道涵洞为一个子分部</td><td>基础及下部构造(一个分部内每道涵洞依次:101、102、103、…)</td><td>盖板涵的台帽钢筋、涵台为子分项;管涵的管座及管节安装为子分项</td></tr>
<tr><td>主要构件预制、安装或浇筑(涵洞依次:201、202、203、…)</td><td>预制盖板钢筋、盖板及安装均为子分项;管涵的管节钢筋,管节预制均为子分项</td></tr>
<tr><td>总体(一个分部内每道涵洞依次:301、302、303、…)</td><td>涵洞总体,八字墙或一字墙,跌水,均为子分项。进出口可以合并</td></tr>
<tr><td rowspan="4">砌筑防护工程(按1～3km路段为单元,编号依次为701、702、703</td><td>挡土墙(101、102)</td><td>每段为一个分项工程</td></tr>
<tr><td>墙背填土(201、202)</td><td>每段为一个分项工程</td></tr>
<tr><td>抗滑桩(301、302)</td><td>每段为一个分项工程。抗滑桩的钢筋笼,抗滑桩,分别为子分项</td></tr>
<tr><td>锚喷支护(401、402)</td><td>每个坡面为一个分项工程,包括跨里程,一个坡面内的若干级坡面</td></tr>
</table>

续上表

单位工程	分部工程	分项工程	备注
路基工程(大标段每10km路段为一个单位工程,小标段通常每个标段为一个单位工程),编号依次为101、102、103	砌筑防护工程(按1～3km路段为单元,编号依次为701、702、703	格子梁(也称框架梁)(501、502)	每个坡面为一个分项工程,包括跨里程,一个坡面内的若干级坡面。其子分项包括格子梁锚杆(索)、钢筋加工及安装、总体
		锥、护坡(601、602)	每个自然坡面为一个分项工程,包括跨公里
		导流工程(701、702)	每段为一个分项工程
		石笼防护(801、802)	每段为一个分项工程
	大型挡土墙,编号依次为801、802、803;组合式挡土墙(每处),编号依次为901、902、903	基础(101)	每段落为单元进行评定。当挡墙很长,分节施工,并且时间跨度很长时,每个分项工程可以适当划分为几个子分项
		墙身(201)	
		墙背填土(301)	
		构件预制(401)	
		构件安装(501)	
		筋带(601)	
		锚杆(701)	
		拉杆(801)	
		总体(901)	

附录 E-2　路面单位分部分项工程划分及编码

单位工程	分部工程	分项工程	备　注
路面工程（大标段每10km路段为一个单位工程，小标段通常每个标段为一个单位工程），编号依次为201、202、203	路面工程（按1～3km路段为单元），编号依次为101、102、103	底基层(101)	各分项工程段落划分中，原则上以1km划分为一个分项工程。本公里内遇到桥梁、隧道时，沥青面层由独立投标的路面标施工，故依照桥面铺装的标准，作为独立的分项工程，独立评分。路基路面总承包施工时，桥面铺装可以归并为桥、隧分项工程。 复合式路面，分别作为两个独立的分项工程划分评定
		基层(201)	
		面层(301)	
		垫层(401)	
		联结层(501)	
		路缘石(601)	
		路肩(701)	
		路面边缘排水设施(801)	
		复合式桥面沥青铺装层(901)	
		复合式路面水泥混凝土层(902)	
		复合式路面沥青混凝土面层(903)	
		复合式隧道沥青混凝土面层(904)	

附录 E-3　桥梁单位分部分项工程划分及编码

<table>
<tr><th>单位工程</th><th>分 部 工 程</th><th>分 项 工 程</th><th>备　　注</th></tr>
<tr><td rowspan="22">桥梁工程(桩号)每座桥编号为两位连续自然数，高速公路、一级公路上行线为奇数，下行线为偶数。每个标段从01开始，编号依次为301、302与303、304。二级及以下公路每座桥一个流水号。高速公路拓宽的多幅桥，另行约定</td><td rowspan="9">基础及下部构造，每墩台为 个分部。从0号台开始，编号依次为100、101、102、103</td><td>钢筋加工及安装(101)</td><td>桩基、墩台、台帽等每一部位钢筋均作为独立的分项工程</td></tr>
<tr><td>扩大基础(201)</td><td>每墩台</td></tr>
<tr><td>桩基(301、302、303)</td><td>每一根</td></tr>
<tr><td>承台(401)</td><td>每一墩台</td></tr>
<tr><td>台(墩)身、柱浇筑(501)</td><td>每个盖梁(台帽)下的柱、肋台，均为一个分项工程</td></tr>
<tr><td>台(墩)身安装(601)</td><td></td></tr>
<tr><td>台(墩)帽、盖梁(701)</td><td></td></tr>
<tr><td>台背填土(801)</td><td></td></tr>
<tr><td>支座垫石(901)、挡块(902)</td><td>每个盖梁上所有垫石、挡块为一个分项</td></tr>
<tr><td rowspan="5">上部构造预制和安装，从第一跨起，每跨依次为201、202、203。左右幅通过单位工程编码区分</td><td>主要构件(梁、板)预制(101)</td><td>每片梁依次为101、102、103、…</td></tr>
<tr><td>其他构件预制(201)</td><td>每构件依次为101、102、103、…</td></tr>
<tr><td>梁板安装(301)</td><td>每联或每座，梁板安装依次为301、302、303、…</td></tr>
<tr><td>钢筋加工及安装(401)</td><td>每片梁依次为401、402、403、…</td></tr>
<tr><td>预应力筋的加工和张拉(501)</td><td>每片梁依次为501、502、503、…</td></tr>
<tr><td rowspan="4">上部构造现场浇筑，每孔编号301、302、303</td><td>钢筋加工及安装(101)</td><td rowspan="4">每部位每构件所含有的4个独立分项工程。斜腿构件，按照柱的评定方法</td></tr>
<tr><td>预应力筋的加工和张拉(201)</td></tr>
<tr><td>主要构件浇筑(301)</td></tr>
<tr><td>其他构件浇筑 (401)</td></tr>
<tr><td rowspan="3">总体、桥面系和附属工程，编号为401</td><td>桥梁总体(101)</td><td>左右幅分开评，通过子单位区分</td></tr>
<tr><td>桥面防水层施工(201)</td><td>左右幅分开评，通过子单位区分</td></tr>
<tr><td>钢筋加工及安装(301)</td><td>左右幅分开评，通过子单位区分</td></tr>
</table>

续上表

单位工程	分部工程	分项工程	备注
桥梁工程（桩号）每座桥编号为两位连续自然数，高速公路、一级公路上行线为奇数，下行线为偶数。每个标段从01开始，编号依次为301、302与303、304。二级及以下公路每座桥一个流水号。高速公路拓宽的多幅桥，另行约定	总体、桥面系和附属工程，编号为401	桥面铺装(401)	左右幅分开评，通过子单位区分
		支座安装(501)	每跨用检测01表记录检测结果，整座桥左(右)幅汇总评定
		搭板(601、602)	
		伸缩缝安装(701)	每条用检测01表记录检测结果，整座桥左(右)幅汇总评定
		护栏、栏杆(801)	每侧用检测01表记录检测结果，整座桥左(右)幅汇总评定
		人行道铺设(901)、灯柱安装(902)	每侧用检测01表记录检测结果，整座桥左(右)幅汇总评定
	防护工程编号依次为501、502、503	护坡(101、102)	
		护岸(201、202)	
		导流工程(301、302)	
		石笼防护(401、402)	
		砌石工程(501、502)	
	引道工程，编号601、602、603。每条引道为一个分部工程	路基(101)	
		路面(202)	
		挡土墙(303)	

附录 E-4 互通单位分部分项工程划分及编码

<table>
<tr><th>单位工程</th><th>分 部 工 程</th><th>分 项 工 程</th><th>备 注</th></tr>
<tr><td rowspan="11">互通立交工程(全线编号,依次为 401、402、403)</td><td rowspan="8">桥梁工程(101,103),每一座桥,含匝道上的桥梁,均为一个分部工程。主线桥个、十位数为主线桥顺序号,从 01 开始。匝道桥十位数为匝道编号 A、B、C;个位数为某匝道的桥梁顺序数</td><td>桥梁总体(101)</td><td>左右幅通过分项评定通过评定表汇总</td></tr>
<tr><td>每个墩台的基础及下部构造分项工程依次为 200、201、202,依次类推;每个墩台的子分项的评定表,则通过流水号区分</td><td>参照主线中桥中的所有分项工程,评定分项,同表汇总得到总分</td></tr>
<tr><td>上部构造预制、安装或浇筑(301);每片梁通过流水号加以区分。如超过 100 片梁(引桥很长时),以每一跨作为一个子分部,依次 301、302</td><td></td></tr>
<tr><td>支座安装,依次每跨 401、402</td><td></td></tr>
<tr><td>支座垫石,依次每盖梁 501、502</td><td></td></tr>
<tr><td>桥面铺装(601)</td><td></td></tr>
<tr><td>护栏(701)</td><td></td></tr>
<tr><td>人行道(801)</td><td></td></tr>
<tr><td>主线路基路面工程(201)</td><td>路基分项工程按现行评定标准附录中分项工程次序以 1、2、3、4 的次序排列下来</td><td></td></tr>
<tr><td rowspan="2">匝道工程(每条编号依次为 301、302)收费站外的不足 1km 的连线,可以作为互通的一个匝道处理评定</td><td>路基分项工程按评定标准附录中分项工程次序以 1、2、3、4 的次序排列下来</td><td></td></tr>
<tr><td>直接引用主线路面工程中的分项工程编码代号</td><td></td></tr>
</table>

续上表

单位工程	分部工程	分项工程	备注
互通立交工程(全线编号,依次为401、402、403)	匝道工程(每条编号依次为301、302)收费站外的不足1km的连线,可以作为互通的一个匝道处理评定	通道。直接引用路基分项工程中的	
		护坡(401)	
		挡土墙(501)	
		护栏(601)	

附录 E-5　隧道单位分部分项工程划分及编码

<table>
<tr><th>单位工程</th><th>分部工程</th><th>分项工程</th><th>备注</th></tr>
<tr><td rowspan="16">隧道工程（从各分部第一道开始自然数流水号，每道隧道两个连续自然数，奇数为上行线洞，偶数为下行线洞，如501与502分别为第一隧道）</td><td rowspan="2">隧道总体(101)</td><td>隧道总体101</td><td>左洞</td></tr>
<tr><td>隧道总体102</td><td>右洞</td></tr>
<tr><td rowspan="3">明洞(201进口端,202出口端)</td><td>明洞浇筑(201、202)</td><td></td></tr>
<tr><td>明洞防水层(301、302)</td><td></td></tr>
<tr><td>明洞回填(401、402)</td><td></td></tr>
<tr><td rowspan="5">洞口工程(301进口端,302出口端)</td><td>洞口开挖(101、102)</td><td></td></tr>
<tr><td>洞口边仰坡防护(201、202)</td><td></td></tr>
<tr><td>洞门和翼墙的浇(砌)筑(301、302)</td><td></td></tr>
<tr><td>截水沟(401、402)</td><td></td></tr>
<tr><td>洞口排水沟(501、502)</td><td></td></tr>
<tr><td>洞身开挖(401)</td><td>洞身开挖(101、102)</td><td>以每种围岩类型，相同围岩以100m长度为单元分段划分分项</td></tr>
<tr><td rowspan="5">洞身衬砌(501)</td><td>喷射混凝土支护(101、102、103)</td><td>每种类型，相同类型时以100m长为一个分项工程</td></tr>
<tr><td>锚喷支护(201、202、203、204)</td><td>每种类型，相同类型时以100m长为一个分项工程</td></tr>
<tr><td>钢筋网支护(301、302、303)</td><td>每种类型，相同类型时以100m长为一个分项工程</td></tr>
<tr><td>仰拱(401、402、403)</td><td>每种类型，相同类型时以100m长为一个分项工程</td></tr>
</table>

续上表

单位工程	分部工程	分项工程	备注
隧道工程（从各分部第一道开始自然数流水号，每道隧道两个连续自然数，奇数为上行线洞，偶数为下行线洞，如501与502分别为第一隧道）	洞身衬砌(501)	混凝土衬砌(501、502)	按台车长度的倍数，相同类型时以100m长为一个分项工程
		钢支撑(601、602)	每种类型，相同类型时以100m长为一个分项工程
		衬砌钢筋(701、702)	跟混凝土衬砌长度划分相一致，以台车长度的倍数，或100m长为一个分项工程
	防排水(601)	防水层(101)	
		止水带(201、202)	
		排水沟(301、302)	
	隧道路面(701)	基层(101、102)	以每种结构为划分依据，灵活划分长度
		面层(201、202)	以每种结构为划分依据，灵活划分长度。沥青面层由于是路面标施工，复合式路面的沥青面层归入路面标归档
	装饰(801)	装饰工程(101)	
	辅助施工措施(901)	超前锚杆(101、102)	
		超前钢管(201、202)	

附录 E-6 环保单位分部分项工程划分及编码

单位工程	分部工程	分项工程	备注
环保工程(601)	声屏障(101、102依次编号)	每处	声屏障(101)
	绿化工程(201、202、203依次编号)	1～3km路段或每处	中央分隔带绿化(101)
			路侧绿化(201)
			互通立交绿化(301)
			服务区绿化(401)
			取弃土场绿化(501)

附录 E-7　交通安全设施单位分部分项工程划分及编码

单位工程	分部工程	分项工程	备　注
交通安全设施工程(每20km 左右长度为一个单位工程,依次编号701,702)	标志(101、102 依次编号)	标志(101、102)	标段起点,至互通起点;互通起讫点;互通终点至下一互通起点依次为一个分项工程,同时也是分部工程的范围
	标线、突起路标(201、202)	标线(101)	标段起点,至互通起点;互通起讫点;互通终点至下一互通起点依次为一个分项工程,同时也是分部工程的范围
		突起路标(201)	
	护栏、轮廓标(301、302)	波形梁护栏(101)	标段起点,至互通起点;互通起讫点;互通终点至下一互通起点依次为一个分项工程,同时也是分部工程的范围
		缆索护栏(201)	
		混凝土护栏(301)	
		轮廓标(401)	
	防眩设施(401、402)	防眩板、网(101)	标段起点,至互通起点;互通起讫点;互通终点至下一互通起点依次为一个分项工程,同时也是分部工程的范围
	隔离栅、防落网(501、502)	隔离栅(101)	标段起点,至互通起点;互通起讫点;互通终点至下一互通起点依次为一个分项工程,同时也是分部工程的范围
		防落网(201)	

附录 E-8　机电单位分部分项工程划分及编码

单位工程	分部工程	分项工程	备　　注
机电工程(801)	监控设施(101)	车辆检测器(101)	
		气象检测器(201)	
		闭路电视监视系统(301)	
		可变标志(401)	
		光电缆线路(501)	
		监控(分)中心设备安装及软件调测(601)(1)	
		大屏幕投影系统(701)	
		地图板(801)	
		计算机监控软件与网络(901)	
	通信设施(201)	通信管道与光电缆线路(101)	
		光纤数字传输系统(201)	
		数字程控交换系统(301)	
		紧急电话系统(401)	
		无线移动通信系统(501)	
		通信电源(601)	

续上表

单位工程	分部工程	分项工程	备注
机电工程(801)	收费系统(301)	入口车道设备(101)	
		出口车道设备(201)	
		收费站设备与软件(301)	
		收费中心设备及软件(401)	
		93卡及发卡编码系统(501)	
		闭路电视监视系统(601)	
		内部有线对讲及紧急报警系统(701)	
		收费站内光、电缆及塑料管道(801)	
		收费系统计算机网络(901)	
	低压配电设施(401)	中心(站)内低压配电设备(101)	
		外场设备电力电缆线路(201)	
	照明设施(501)	照明设施(101)	
	隧道机电设施(601)	车辆检测器(101)、气象检测器(102)	
		闭路电视监视系统(201)、紧急电话系统(202)	
		环境检测设备(301)、报警与诱导设施(302)可变标志(303)	
		通风设施(401)、照明设施(402)、消防设施(403)	
		本地控制器(501)	
		隧道监控中心计算机控制系统(601)	
		隧道监控中心计算机网络(701)	
		低压供配电(801)	

附录 E-9　房建单位分部分项工程划分及编码

单位工程	分部工程	子分部工程	分　项　工　程
每一栋独立楼划分为一个独立的单位工程，每个服务区内依次为901、902…	地基与基础(100)	无支护土方(101)	土方开挖(101)、土方回填(201)
		有支护土方(102)	排桩(101)，降水(201)，排水(301)，地下连续墙(401)，锚杆(501)，土钉墙(601)，水泥土桩(701)，沉井与沉箱(801)，钢及混凝土支撑(901)
		地基处理子分部工程(103)	灰土地基(101)，砂和砂石地基(102)，碎砖三合土地基(103)，土工合成材料地基(201)，粉煤灰地基(202)，重锤夯实地基(301)，强夯地基(401)，振冲地基(501)，砂桩地基(601)，预压地基(701)，高压喷射注浆地基(801)，土和灰土挤密桩地基(802)，注浆地基(803)，水泥粉煤灰碎石桩地基(901)，夯实水泥土桩地基(901)
		桩基(104)	锚杆静压桩及静力压桩(101)，预应力离心管桩(201)，钢筋混凝土预制桩(301)，钢桩(401)，混凝土灌注桩(501)(成孔、钢筋笼、清孔、水下混凝土灌注)
		地下防水(105)	防水混凝土(101)，水泥砂浆防水层(102)，卷材防水层(103)，涂料防水层(104)，金属板防水层(201)，塑料板防水层(202)，细部构造(301)，喷锚支护(401)，复合式衬砌(402)，地下连续墙(501)，盾构法隧道(601)；渗排水(701)，盲沟排水(702)，坑道排水(703)；隧道(801)，预注浆(901)，后注浆(902)，衬砌裂缝注浆(903)
		混凝土基础子分部工程(106)	模板(101)，钢筋(201)，混凝土(301)，后浇带混凝土(401)，混凝土结构缝处理(501)
		砌体基础	砖砌体(101)，混凝土砌块砌体(201)，配筋砌体(301)，石砌体(401)
		劲钢(管)混凝土(107)	劲钢(管)焊接(101)，劲钢(管)与钢筋的连接(201)，混凝土(301)
		钢结构(108)	焊接钢结构、拴接钢结构(101)，钢结构制作(201)，钢结构安装(301)，钢结构涂装(401)

续上表

单位工程	分部工程	子分部工程	分项工程
每一栋独立楼划分为一个独立的单位工程，每个服务区内依次为901、902…	主体结构(200)	混凝土结构(201)	模板(101)，钢筋(201)，混凝土(301)，预应力、现浇结构(401)，装配式结构(501)
		劲钢(管)混凝土结构(202)	劲钢(管)焊接、螺栓连接、劲钢(管)与钢筋的连接(101)，劲钢(管)制作、安装(201)，混凝土(301)
		砌体结构(203)	砖砌体(101)，混凝土小型空心砌块砌体、石砌体(201)，填充墙砌体(301)，配筋砖砌体(401)
		钢结构(204)	钢结构焊接(101)，紧固件连接(201)，钢零部件加工(301)，单层钢结构安装(401)，多层及高层钢结构安装(501)，钢结构涂装(601)，钢构件组装(701)，钢构件预拼装(801)，钢网架结构安装(901)，压型金属板(001)
		木结构(205)	方木和原木结构、胶合木结构、轻型木结构(101)，木构件防护(201)
		网架和索膜结构(206)	网架制作、网架安装(101)，索膜安装(201)，网架防火、防腐涂料(301)
	建筑装饰装修(300)	地面(301)	整体面层：基层(101)，水泥混凝土面层(102)，水泥砂浆面层(103)，水磨石面层(104)，防油渗面层(105)，水泥钢(铁)屑面层(106)，不发火(防爆的)面层(107)；板块面层：基层(201)，砖面层(陶瓷锦砖、缸砖、陶瓷地砖和水泥花砖面层)(202)，大理石面层和花岗岩面层(203)，预制板块面层(预制水泥混凝土、水磨石板块面层)(204)，料石面层(条石、块石面层)(205)，塑料板面层、活动地板面层、地毯面层(206)；木竹面层(301)；基层、实木地板面层(条材、块材面层)(401)，实木复合地板面层(条材、块材面层)(501)，中密度(强化)复合地板面层(条材面层)(601)，竹地板面层(701)
		抹灰(302)	一般抹灰(101)，装饰抹灰(201)，清水砌体勾缝(401)
		门窗(303)	木门窗制作与安装(101)，金属门窗安装(201)，塑料门窗安装(301)，特种门安装(401)，门窗玻璃安装(501)
		吊顶(304)	暗龙骨吊顶(101)，明龙骨吊顶(201)
		轻质隔墙(305)	板材隔墙、骨架隔墙、活动隔墙、玻璃隔墙(101)

续上表

单位工程	分部工程	子分部工程	分项工程
每一栋独立楼划分为一个独立的单位工程，每个服务区内依次为901、902…	建筑装饰装修(300)	饰面板(砖)(306)	饰面板安装(101)，饰面砖粘贴(201)
		幕墙(307)	玻璃幕墙(101)，金属幕墙(201)，石材幕墙(301)
		涂饰(308)	水性涂料涂饰(101)，溶剂型涂料涂饰(201)，美术涂饰(301)
		裱糊与软包(309)	裱糊、软包(101)
		细部(310)	橱柜制作与安全(101)，窗帘盒(201)、窗台板和暖气罩制作与安装(301)，门窗套制作与安装(401)，护栏和扶手制作与安装(501)，花饰制作与安装(601)
	建筑屋面(400)	卷材防水屋面(401)	保温层(101)，找平层(201)，卷材防水层(301)，细部构造(401)
		涂膜防水屋面(402)	保温层(101)，找平层(201)，涂膜防水层(301)，细部构造(401)
		刚性防水屋面(402)	细石混凝土防水层(101)，密封材料嵌缝(201)，细部构造(301)
		瓦屋面(403)	平瓦屋面(101)，波瓦屋面(201)，油毡瓦屋面(301)，金属板屋面(401)，细部构造(501)
		隔热屋面(404)	架空屋面(101)，蓄水屋面(201)，种植屋面(301)
	建筑给水排水及采暖(500)	室内给水系统(501)	给水管道及配件安装(101)，室内消火栓系统安装(201)，给水设备安装(301)，管道防腐(401)，绝热(501)
		室内排水系统(502)	排水管道及配件安装(101)，雨水管道及配件安装(201)
		室内热水供应系统(503)	管道及配件安装(101)，辅助设备安装、防腐、绝热(201)
		卫生器具安装(504)	卫生器具安装(101)，卫生器具给水配件安装(201)，卫生器具排水管道安装(301)
		室内采暖系统(505)	管道及配件安装(101)，辅助设备及散热器安装(201)，金属辐射板安装(301)，低温热水地板辐射采暖系统安装(401)，系统水压试验及调试、防腐、绝热(501)

续上表

<table>
<tr><th>单位工程</th><th>分部工程</th><th>子分部工程</th><th>分 项 工 程</th></tr>
<tr><td rowspan="9">每一栋独立楼划分为一个独立的单位工程，每个服务区内依次为901、902…</td><td rowspan="5">建筑给水排水及采暖(500)</td><td>室外给水管网(506)</td><td>给水管道安装、消防水泵接合器及室外消火栓安装、管沟及井室(101)</td></tr>
<tr><td>室外排水管网(507)</td><td>排水管道安装、排水管沟与井池(101)</td></tr>
<tr><td>室外供热管网(508)</td><td>管道及配件安装、系统水压试验及调试、防腐、绝热(101)</td></tr>
<tr><td>建筑中水系统及游泳池系统(509)</td><td>建筑中水系统管道及辅助设备安装、游泳池水系统安装(101)</td></tr>
<tr><td>供热锅炉及辅助设备安装(510)</td><td>锅炉安装、辅助设备及管道安装、安全附件安装、烘炉、煮炉和试运行、换热站安装、防腐、绝热(101)</td></tr>
<tr><td rowspan="4">建筑电气(600)</td><td>室外电气(601)</td><td>架空线路及杆上电气设备安装(101)，变压器、箱式变电所安装(201)，成套配电柜、控制柜(屏、台)和动力、照明配电箱(盘)及控制柜安装(301)，电线、电缆导管和线槽敷设(401)，电线、电缆穿管和线槽敷设(501)，电缆头制作(601)、导线连接和线路电气试验(701)，建筑物外部装饰灯具、航空障碍标志灯和庭院路灯安装(801)，建筑照明通电试运行(901)，接地装置安装(001)</td></tr>
<tr><td>变配电室(602)</td><td>变压器、箱式变电所安装(101)，成套配电柜、控制柜(屏、台)和动力、照明配电箱(盘)安装(201)，裸母线、封闭母线、插接式母线安装(301)，电缆沟内和电缆竖井内电缆敷设(401)，电缆头制作、导线连接和线路电气试验(501)，接地装置安装(601)，避雷引下线和变配电室接地干线敷设(701)</td></tr>
<tr><td>供电干线(603)</td><td>裸母线、封闭母线、插接式母线安装(101)，桥架安装和桥架内电缆敷设(201)，电缆沟内和电缆竖井内电缆敷设(301)，电线、电缆穿管和线槽敷线(401)，电缆头制作、导线连接和线路电气试验(501)</td></tr>
<tr><td>电气动力(604)</td><td>成套配电柜、控制柜(屏、台)和动力、照明配电箱(盘)及安装(101)，低压电动机、电加热器及电动执行机构检查、接线(201)，低压电气动力设备检测、试验和空载试运行(301)，桥架安装和桥架内电缆敷设(401)，电线、电缆导管和线槽敷设(501)，电线、电缆穿管和线槽敷线(601)，电缆头制作、导线连接和线路电气试验(701)，插座、开关、风扇安装(801)</td></tr>
</table>

续上表

单位工程	分部工程	子分部工程	分 项 工 程
每一栋独立楼划分为一个独立的单位工程，每个服务区内依次为901、902…	建筑电气(600)	电气照明安装(605)	成套配电柜、控制柜(屏、台)和动力、照明配电箱(盘)安装(101)，电线、电缆导管和线槽敷设(201)，电线、电缆导管和线槽敷线(301)，槽板配线(401)，钢索配线(501)，电缆头制作、导线连接和线路电气试验(601)，普通灯具安装(701)，专用灯具安装(801)，插座、开关、风扇安装(901)，建筑照明通电试运行(001)
		备用和不间断电源安装(606)	成套配电柜、控制柜(屏、台)和动力、照明配电箱(盘)安装(101)，柴油发电机组安装(201)，不间断电源的其他功能单元安装(301)，裸母线、封闭母线、插接式母线安装(401)，电线、电缆导管和线槽敷设(501)，电线、电缆导管和线槽敷线(601)，电缆头制作、导线连接和线路电气试验(701)，接地装置安装(801)
		防雷及接地安装(607)	接地装置安装(101)，避雷引下线和变配电室接地干线敷设(201)，建筑物等电位连接(301)，接闪器安装(401)
	智能建筑(700)	通信网络系统(701)	通信系统(101)，卫星及有线电视系统(201)，公共广播系统(301)
		办公自动化系统(702)	计算机网络系统(101)，信息平台及办公自动化应用软件(201)，网络安全系统(301)
		建筑设备监控系统(703)	空调与通风系统(101)，变配电系统(201)，照明系统(301)，给排水系统(401)，热源和热交换系统(501)，冷冻和冷却系统(601)，电梯和自动扶梯系统(701)，中央管理工作站与操作分站(801)，子系统通信接口(901)
		火灾报警及消防联动系统(704)	火灾和可燃气体探测系统(101)，火灾报警控制系统(201)，消防联动系统(301)
		安全防范系统(705)	电视监控系统(101)，入侵报警系统(201)，巡更系统(301)，出入口控制(门禁)系统(401)，停车管理系统(501)
		综合布线系统(706)	缆线敷设和终接(101)，机柜、机架、配线架的安装(201)，信息插座和光缆芯线终端的安装(301)
		智能化集成系统(707)	集成系统网络(101)，实时数据库(201)，信息安全(301)，功能接口(401)

续上表

单位工程	分部工程	子分部工程	分 项 工 程
每一栋独立楼划分为一个独立的单位工程，每个服务区内依次为901、902…	智能建筑(700)	电源与接地(708)	智能建筑电源(101)，防雷及接地(201)
		环境(709)	空间环境(101)，室内空调环境(201)，视觉照明环境(301)，电磁环境(401)
		住宅(小区)智能化系统(710)	火灾自动报警及消防联动系统(101)，安全防范系统(含电视监控系统、入侵报警系统、巡更系统、门禁系统、楼宇对讲系统、住户对讲呼救系统、停车管理系统)(201)，物业管理系统(多表现场计量及与远程传输系统、建筑设备监控系统、公共广播系统、小区网络及信息服务系统、物业办共自动化系统)(301)，智能家庭信息平台(401)
	通风与空调(800)	送排风系统(801)	风管与配件制作(101)，风管系统安装(201)，空气处理设备安装(301)，部件制作(401)，消声设备制作与安装(501)，风管与设备防腐(601)，风机安装(701)，系统调试(801)
		防排烟系统(802)	风管与配件制作(101)，部件制作(201)，风管系统安装(301)，防、排烟风口常闭正压风口与设备安装(401)，风管与设备防腐(501)，风机安装(601)，系统调试(701)
		除尘系统(803)	风管与配件制作(101)，部件制作(201)，风管系统安装(301)，除尘器与排污设备安装(401)，风管与设备防腐(501)，风机安装(601)，系统调试(701)
		空调风系统(804)	风管与配件制作(101)，部件制作(201)，风管系统、空气处理设备安装(301)，消声设备制作与安装(401)，风管与设备防腐(501)，风机安装(601)，风管与设备绝热(701)，系统调试(801)
		净化空调系统(805)	风管与配件制作(101)，部件制作(201)，风管系统安装(301)，空气处理设备安装(401)，消声设备制作与安装(501)，风管与设备防腐(601)，风机安装(701)，风管与设备绝热(801)，高效过滤器安装(901)，系统调试(001)
		制冷系统(806)	制冷机组安装(101)，制冷剂管道及配件安装(201)，制冷附属设备安装(301)，管道及设备的防腐与绝热(401)，系统调试(501)

续上表

单位工程	分部工程	子分部工程	分 项 工 程
每一栋独立楼划分为一个独立的单位工程，每个服务区内依次为901、902…	通风与空调(800)	空调水系统(807)	管道冷热(媒)水系统安装(101)，冷却水系统安装(201)，冷凝水系统安装(301)，阀门及部件安装(401)，冷却塔安装(501)，水泵及附属设备安装(601)，管道与设备的防腐与绝热(701)，系统调试(801)
	电梯(900)	电力驱动的曳引式或强制式电梯安装工程(901)	设备进场验收(101)，土建交接检验(201)，驱动主机(301)，导轨(401)，门系统(501)，轿厢(601)，对重(平衡重)(701)，安全部件(801)，悬挂装置(901)，随行电缆(902)，补偿装置(903)，电气装置(904)，整机安装验收(905)
		液压电梯安装工程(902)	设备进场验收(101)，土建交接检验(201)，液压系统(301)，导轨(401)，门系统(501)，轿厢(601)，平衡重(701)，安全部件(801)，悬挂装置(901)，随行电缆(001)，电气装置(K01)，整机安装验收(L01)
		扶梯、人行道安装工程(903)	设备进场验收(101)，土建交接检验(201)，整机安装验收(301)

附录F　公路常用各类用表汇总及代号

续上表

序号	表格类别	表格代号	表格数量	备　注
1	监表	JL	43	监理的拼音字母
2	现场质量检验报告单	Z		检表类别首字拼音
2-1	土石方质检表	ZT	12	质+检表类别首字拼音
2-2	排水质检表	ZP	7	质+检表类别首字拼音
2-3	支挡质检表	ZD	25	质+检表类别首字拼音
2-4	涵洞质检表	ZH	15	质+检表类别首字拼音
2-5	路面质检表	ZM	11	质+检表类别首字拼音
2-6	桥梁质检表	ZQ	39	质+检表类别首字拼音
2-7	隧道质检表	ZS	45	质+检表类别首字拼音
2-8	交安质检表	ZA	24	质+检表类别首字拼音
2-9	环保质检表	ZE	7	质+检表类别首字拼音
2-10	机电质检表	ZJ	47	质+检表类别首字拼音
3	试验报告表	B	114	B类为试验报告
3-1	土类报告	BT	2	
3-2	集料报告	BJ	5	
3-3	岩石报告	BY	1	

续上表

序号	表格类别	表格代号	表格数量	备注
3-4	水泥报告	BN	1	
3-5	水泥混凝土、砂浆	BH	6	
3-6	水、外加剂	BU	3	
3-7	无机结合料稳定材料	BW	7	
3-8	沥青	BL	6	
3-9	沥青混合料	BI	1	
3-10	钢筋	BG	2	
3-11	锚具、钢绞线	BM	5	
3-12	橡胶支座	BX	3	
3-13	土工合成材料	BC	0	
3-14	路基路面现场检测	BE	11	
3-15	地基基础、桩基	BD	8	
3-16	结构混凝土	BP	5	
3-17	桥梁结构构件	BQ	11	
3-18	隧道	BS	4	
3-19	波纹管	BB	2	
3-20	钢结构	BO	6	
3-21	交通安全设施	BA	25	
4	试验记录表	C	276	
4-1	土类记录	CT	26	

续上表

序号	表格类别	表格代号	表格数量	备注
4-2	集料记录	CJ	31	
4-3	岩石记录	CY	9	
4-4	水泥记录	CN	9	
4-5	水泥混凝土、砂浆	CH	22	
4-6	水、外加剂	CU	15	
4-7	无机结合料稳定材料	CW	8	
4-8	沥青	CL	29	
4-9	沥青混合料	CI	11	
4-10	钢筋	CG	2	
4-11	锚具、钢绞线	CM	8	
4-12	橡胶支座	CX	9	
4-13	土工合成材料	CC	7	
4-14	路基路面现场检测	CE	17	
4-15	地基基础、桩基	CD	12	
4-16	结构混凝土	CP	11	
4-17	桥梁结构构件	CQ	11	
4-18	隧道	CS	4	
4-19	波纹管	CB	2	
4-20	钢结构	CO	6	
4-21	交通安全设施	CA	25	

续上表

序号	表格类别	表格代号	表格数量	备　　注
5	检测表	JC	37	
6	施工记录表	SJ	47	
7	进度计划实施表	JD	10	
8	工程管理用表	GL	8	
9	工程安全用表	AQ	22	
10	工程质量评定表	PD	5	
11	工程交(竣)工用表	JG	17	
12	竣表	JB	33	
13	汇表	HB	47	

附录G　建设项目文件归档范围和保管期限表

序号	归档文件	保管期限		
		建设单位	施工单位	设计单位
1	**可行性研究、任务书**			
1.1	项目建议书及报批文件	永久		30年
1.2	项目选址意见书及其报批文件	永久		30年
1.3	可行性研究报告及其评估、报批文件	永久		30年
1.4	项目评估(包括借贷承诺评估)、论证文件	永久		30年
1.5	环境预测、调查报告、环境影响报告书和批复	永久		30年
1.6	设计任务书、计划任务书、报批文件	永久		永久
2	**设计基础文件**			
2.1	工程地质、水文地质、勘察设计、勘察报告、地质图、勘察记录、化验、试验报告、重要土、岩样及说明	永久		永久
2.2	地形、地貌、控制点、建筑物、构筑物及重要设备安装测量定位、观测记录	永久		30年
2.3	水文、气象、地震等其他设计基础资料	永久		30年
3	**设计文件**			
3.1	总体规划设计	永久		永久

续上表

序号	归档文件	保管期限		
		建设单位	施工单位	设计单位
3.2	方案设计	永久		永久
3.3	初步设计及其报批文件	永久		永久
3.4	技术设计	永久		永久
3.5	施工图设计	30年		永久
3.6	技术秘密材料、专利文件			永久
3.7	工程设计计算书	30年		30年
3.8	关键技术试验	永久		永久
3.9	设计评价、鉴定及审批	永久		永久
4	**项目管理文件**			
4.1	征地、移民文件			
4.1.1	征用土地申请、批准文件、红线图、坐标图、行政区域图	永久		
4.1.2	征地移民拆迁、安置、补偿批准文件、协议书	永久		
4.1.3	建设前原始地形、地貌、状况图、照片	永久		
4.1.4	施工执照	永久		
4.2	计划、投资、统计、管理文件			
4.2.1	有关投资、进度、物资、工程量的建议计划、实施计划和调整计划	30年		
4.2.2	概算、预算管理、差价管理文件	30年		
4.2.3	合同变更、索赔等涉及法律事务的文件	30年		

续上表

序号	归 档 文 件	保 管 期 限		
		建设单位	施工单位	设计单位
4.2.4	规程、规范、标准、规划、方案、规定	30年		
4.2.5	招标文件审查、技术设计审查、技术协议	30年		
4.2.6	投资、进度、质量、安全、合同控制文件	30年		
4.3	招标投标、承发包合同协议			
4.3.1	招标书、招标修改文件、招标补遗及答疑文件	30年	30年	30年
4.3.2	投标书、资质材料、履约类保函、委托授权书和投标澄清文件、修正文件	永久	永久	30年
4.3.3	开标议程、开标大会签字表、报价表、评标纪律、评标人员签字表、评标记录、报告	30年		
4.3.4	中标通知书	30年	30年	30年
4.3.5	合同谈判纪要、合同审查文件、合同书、合同变更文件	永久	30年	30年
4.4	专项申请、批复文件			
4.4.1	环境保护、劳动安全、卫生、消防、人防、规划等文件	永久		
4.4.2	水、暖、电、煤气、通信、排水等配套协议文件	30年		
4.4.3	原料、材料、燃料供应等来源协议文件	30年		
5	**施工文件**			
5.1	建筑施工文件			
5.1.1	开工报告、工程技术要求、技术交底、图纸会审纪要	30年	30年	
5.1.2	施工组织设计、方案及报批文件、施工计划、施工技术及安全措施、施工工艺文件	30年	30年	

续上表

序号	归档文件	保管期限		
		建设单位	施工单位	设计单位
5.1.3	原材料及构件出厂证职、质量鉴定、复验单	30年	30年	
5.1.4	建筑材料试验报告	30年	30年	
5.1.5	设计变更、工程更改洽商单、材料代用核定审批手续、技术核定单、业务联系单、备忘录等	永久	30年	
5.1.6	施工定位(水准点、导线点、基准线、控制点等)测量、复核记录、地质勘探	永久	30年	
5.1.7	土、岩试验报告、基础处理、基础工程图、桩基工程记录、地基验销记录	永久	30年	
5.1.8	施工日记、大事记		30年	
5.1.9	隐蔽工程验收记录	永久	30年	
5.1.10	各类工程记录及测试、沉降、位移、变形监测记录、事故处理报告	永久	30年	
5.1.11	工程质量检查、评定	永久	30年	
5.1.12	技术总结、施工预、决算		30年	
5.1.13	交工验收记录证明	永久	30年	
5.1.14	竣工报告、竣工验收报告	永久	永久	
5.1.15	竣工图	永久	30年	
5.1.16	声像材料	30年	30年	
5.2	设备及管线安装施工文件			
5.2.1	开工报告、工程技术要求、技术交底、图纸会审纪要	30年	30年	
5.2.2	施工组织设计、方案及其报批文件、施工计划、技术措施文件	30年	30年	

续上表

序号	归档文件	保管期限		
		建设单位	施工单位	设计单位
5.2.3	原材料及构件出厂证明、质量鉴定、复验单	30年	30年	
5.2.4	建筑材料试验报告	30年	30年	
5.2.5	设计变更通知、工程更改洽商单、材料、零部件、设备代用审批手续、技术核定单、业务联系单、备忘录等	永久	30年	
5.2.6	焊接试验记录、报告、施工检验、探伤记录	永久	30年	
5.2.7	隐蔽工程检查验收记录	永久	30年	
5.2.8	强度、密闭性试验报告	30年	30年	
5.2.9	设备、网络调试记录	30年	30年	
5.2.10	施工安装记录、安装质量检查、评定、事故处理报告	30年	30年	
5.2.11	系统调试、调试记录	30年	30年	
5.2.12	管线清洗、试压、通水、通气、消毒等记录	10年	30年	
5.2.13	管线高程、位置、坡度测量记录	30年	30年	
5.2.14	中间教交工验收记录证明、工程质量评定	永久	30年	
5.2.15	竣工报告、竣工验收报告、施工预、决算	永久	30年	
5.2.16	竣工图	永久	30年	
5.3	电气、仪表安装施工文件			
5.3.1	开工报告、工程技术要求、技术交底、图纸会审纪要	30年	30年	
5.3.2	施工组织设计、施工及其报批文件、施工计划、技术措施文件	10年	30年	
5.3.3	原材料及构件出厂证明、质量鉴定、复验单	30年	30年	

续上表

序号	归档文件	保管期限		
		建设单位	施工单位	设计单位
5.3.4	建筑材料试验报告	30年	30年	
5.3.5	设计变更通知、工程更改洽商单、材料、零部件、设备代用审批手续、技术核定单、业务联系单、备忘录等	永久	30年	
5.3.6	系统测试、整定记录	30年	30年	
5.3.7	绝缘、接地电阻等性能测试、校核	30年	30年	
5.3.8	材料设备明细表及检验记录、施工安装记录、质量检查评定、事故处理报告	永久	30年	
5.3.9	操作、联动试验	10年	30年	
5.3.10	电气装置交接记录	10年	30年	
5.3.11	中间交工验收记录、工程质量评定	永久	30年	
5.3.12	竣工报告、竣工验收报告	永久	30年	
5.3.13	竣工图	永久	30年	
5.3.14	声像材料	30年	30年	
6	**监理文件**			监理单位
6.1	施工监理文件、资料			
6.1.1	监理合同协议、监理大纲、监理规划、细则及批复	30年		30年
6.1.2	施工及设备器材供应单位资质审核、设备、材料报审	30年		30年
6.1.3	施工组织设计、施工方案、施工计划、技术措施审核、施工进度、延长工期、索赔及付款报审	30年		30年
6.1.4	开(停、复、返)工令、许可证、中间验收证明书	30年		30年
6.1.5	设计变更、材料、零部件、设备代用审批	30年		30年

续上表

序号	归档文件	保管期限		
		建设单位	施工单位	设计单位
6.1.6	监理通知、协调会审纪要、监理工程师指令、指示、来往函件	30年		30年
6.1.7	工程材料监理检查、复检、实验记录、报告	30年		30年
6.1.8	监理日志、监理周(月、季、年)报、备忘录	30年		30年
6.1.9	各项测控量成果及复核文件、外观、质量、文件等检查、抽查记录	30年		30年
6.1.10	施工质量检查分析评估、工程质量事故、施工安全事故报告	30年		30年
6.1.11	工程进度计划、实施、分析统计文件	30年		30年
6.1.12	变更价格审查、支付审批、索赔处理文件	30年		30年
6.1.13	单元工程检查及开工(开仓)签证、工程分部、分项质量认证、评估	30年		30年
6.1.14	主要材料及工程投资计划、完成报表	30年		30年
6.2	设备采购、监造工作监理资料			
6.2.1	设备采购委托监理合同、采购方案、监造计划	30年		30年
6.2.2	市场调查、考察报告	30年		30年
6.2.3	设备制造的检验计划和检验要求、检验记录及试验报告、分包单位资格报审表	30年		30年
6.2.4	原材料、零配件等的质量证明文件和检验报告	30年		30年
6.2.5	开动、复工报审表、暂停令	30年		30年
6.2.6	会议纪要、来往文件	30年		30年

续上表

序号	归 档 文 件	保 管 期 限		
		建设单位	施工单位	设计单位
6.2.7	监理工程师通知单、监理工作联系单	30 年		30 年
6.2.8	监理日志、监理月报	30 年		30 年
6.2.9	质量事故处理文件、设备制造索赔文件	30 年		30 年
6.2.10	设备验收、交接文件、支付证书和设备制造结算审核文件	30 年		30 年
6.2.11	设备采购、监造工作总结	30 年		30 年
6.3	监理工作声像材料	30 年		30 年
7	**工艺设备文件**			设计单位
7.1	工艺说明、规程、路线、试验、技术总结	30 年		
7.2	产品检验、包装、工装图、检测记录	30 年		
7.3	设备、材料采购、招投标文件、合同、出厂质量合格证明	30 年	30 年	
7.4	设备、材料装箱单、开箱记录、工具单、备品备件单	30 年		
7.5	设备图纸、使用说明书、零部件目录	30 年		
7.6	设备测绘、验收记录及索赔文件	30 年		
7.7	设备安装调试、测定数据、性能鉴定	30 年		
8	**科研项目**			
8.1	开题报告、任务书、批准书	永久		
8.2	协议书、委托书、合同	永久		
8.3	研究方案、计划、调查研究报告	永久		

续上表

序号	归档文件	保管期限		
		建设单位	施工单位	设计单位
8.4	试验记录、图表、照片	永久		
8.5	试验分析、计算、整理数据	永久		
8.6	试验装置及特殊设备图纸、工艺技术规范说明书	永久		
8.7	试验装置操作规程、安全措施、事故分析	30年		
8.8	阶段报告、科研报告、技术鉴定	永久		
8.9	成果申报、鉴定、审批及成果推广应用材料			

附录H 公路建设项目文件材料收集归档单位

序号	归档文件材料	归档单位
立 项 审 批		
1	项目建议书及审批文件	项目法人
2	可行性研究报告及审批(校准)文件	项目法人
3	可行性研究报告的评估及行业主管部门对可行性研究报告的审查意见	项目法人
4	专家对可行性研究报告的评审文件	项目法人
5	环境影响评价报告书及批复	项目法人
6	项目用地预审意见	项目法人
7	水土保持方案及审批文件	项目法人
8	文物调查、保护、矿产资源调查等文件	项目法人
9	其他文件材料	项目法人
设 计 审 批		
1	初步设计文件及审批文件、专家审查意见及审查会议纪要	项目法人
2	施工图设计文件及审批文件	项目法人
3	工程勘测、设计基础资料	项目法人
工 程 准 备		
1	建设用地选址意见及红线图	项目法人

续上表

序号	归档文件材料	归档单位
工程准备		
2	建设用地申请及批复	项目法人
3	占地图及土地使用证	项目法人
4	征地拆迁批文、合同、协议、征用土地数量一览表,拆迁数量一览表	项目法人
5	供电、供水、通信、排水等协议	项目法人
6	施工许可批准文件	项目法人
7	质量监督申请书及质量监督通知书	项目法人
8	建设前原始地形、地貌状况图、照片	项目法人
施工文件		
1	工程管理文件	
1.1	项目法人就工程质量、安全、进度、费用控制管理文件	
	普法性	项目法人
	针对性	有关单位
1.2	质量监督机构印发的质量监督相关文件	项目法人
1.3	监理单位就工程质量、安全、进度费用控制与项目法人的来往文件	监理单位
1.4	监理单位就工程质量、安全、进度费用控制与施工单位的来往文件	施工单位
1.5	监理单位就工程质量、安全、进度费用控制与项目法人的来往文件	施工单位
1.6	项目法人组织召开的工地例会、专题会议纪要	
	例会性	项目法人
	专题性	有关单位

续上表

序号	归档文件材料	归档单位
施 工 文 件		
1.7	监理组织召开的工地例会及专题会议纪要	
	例会性	监理单位
	专题性	有关单位
1.8	计划进度报表	项目法人
2	施工准备文件	
2.1	合同段开工申请及批准文件(含施工组织设计方案)	施工单位
2.2	技术交底、图纸会审纪要	施工单位
2.3	开工前的交接桩记录、控制点的复测、施工控制点的加密工程定位(水准点、基准点、导线点)测量、复测、复核记录	施工单位
3	施工质量控制文件	施工单位
3.1	工程及设计变更	施工单位
3.2	施工日志、大事记	施工单位
3.3	永久性水准点坐标图、建筑物坐标高程测量记录	施工单位
3.4	沉降、位移观测记录、桥梁荷载试验报告、桥梁基础检验汇总资料	施工单位
3.5	各项标准及工艺试验资料	施工单位
3.6	工地试验室管理文件	施工单位
3.7	原材料(产品)质量保证文件	
3.7.1	各种原材料、半成品、成品、混凝土预制件合格证及抽检、试验记录	施工单位
3.7.2	产品、设备说明书、合格证及检验报告、质量鉴定报告	施工单位
3.8	单位、分部、分项工程质量评定文件	施工单位

续上表

序号	归档文件材料	归档单位
施 工 文 件		
3.9	施工原始文件	
3.9.1	单位、分部、分项工程开工批准文件	施工单位
3.9.2	各工序施工记录、试验、检测及报验文件	施工单位
3.9.3	隐蔽工程验收记录	施工单位
3.9.4	混凝土配合比设计报告、配料单	施工单位
3.9.5	砂浆强度、混凝土强度、焊接、压实度、弯沉等试验检测报告及汇总表	施工单位
3.9.6	预应力张拉、压浆检查记录	施工单位
3.9.7	桩基检测报告	施工单位
3.9.8	机电、监控设备安装调试及性能考核记录	施工单位
3.9.9	桥隧工程风险评估报告、专项施工技术方案	施工单位
3.9.10	事故情况及调查处理报告、补救后达到要求的认可证明文件	施工单位
3.9.11	施工中遇到非正常情况记录、处理方案及观察记录，对工程质量影响分析	施工单位
4	竣工图	施工单位
5	监理文件	
5.1	监理大纲、规划、细则及批复、监理日志、备忘录	监理单位
5.2	旁站监理记录、平行试验及独立抽检文件材料	监理单位
6	科研	
6.1	课题报告、任务书及批准文件	项目法人
6.2	研究方案	项目法人

续上表

序号	归档文件材料	归档单位
施 工 文 件		
6.3	试验记录、分析计算数据	项目法人
6.4	专家评审及技术鉴定报告	项目法人
7	经批准的新技术应用资料	项目法人
8	声像资料	
8.1	重大活动、重大事故处理	有关单位
8.2	隐蔽工程、关键工序、桥梁隧道等结构物重点部位施工	有关单位
9	其他	有关单位
交、竣工验收		
1	交、竣工验收文件	项目法人
2	建设、设计、施工、监理单位工作报告	项目法人
3	质量监督机构出具的交工验收质量检测意见	项目法人
4	质量监督机构出具的竣工验收质量鉴定报告	项目法人
5	质量监督机构质量监督报告	项目法人
6	试运行记录、检测、观测记录及成果报告、缺陷整改文件材料	项目法人
7	单项验收文件	项目法人
8	接管养单位项目使用情况报告	项目法人
9	其他	项目法人
工程招投标及合同文件		
1	招标文件	项目法人

续上表

序号	归档文件材料	归档单位
工程招投标及合同文件		
2	投标文件	项目法人
3	评标文件	项目法人
4	中标通知书	项目法人
5	工程合同	项目法人
资 金 管 理		
1	支付报表	项目法人
2	决算及决算文件	项目法人
	其他	项目法人

参 考 文 献

[1] 唐修益，罗竟，等. 公路数字化档案唯一性标识编码词典[R]. 南宁：广西红河高速公路有限公司，2014.

[2] 谢积鉴. 基于唯一性标识编码与公路数字化档案相关性的应用研究科技查新报告[R]. 南宁：广西壮族自治区科学技术情报研究所，2015.

[3] 中华人民共和国行业推荐性标准. JT/T 828—2012　公路试验检测数据报告编制导则[S]. 北京：人民交通出版社，2012.

[4] 中华人民共和国行业推荐性标准. JT/T 132—2003　公路数据库编目编码规则[S]. 北京：人民交通出版社，2003.

[5] 中华人民共和国交通运输部公路局. 公路工程竣（交）工验收办法实施细则[M]. 北京：人民交通出版社，2010.

[6] 中华人民共和国交通运输部. 公路建设项目文件材料立卷归档管理办法[M]. 北京：人民交通出版社，2010.

[7] 罗竟，等. 基于 Multilevel CodingTree 模型的公路数字化档案标识编码的应用与研究[J]. 档案与建设，2015(8)：13-19.

[8] 中华人民共和国行业标准. JTG A03—2007　国家高速公路网命名和编号规则[S]. 北京：人民交通出版社，2007.

[9] 中华人民共和国国家推荐性标准. GB/T 2260—2007　中华人民共和国行政区划代码[S]. 北京：中国标准出版社，2008.

[10] 中华人民共和国国家推荐性标准. GB/T 10114—2003　县级以下行政区划代码编制规则[S]. 北京：中国标准出版社，2004.

[11] 广西壮族自治区统计局. 2012 年度广西壮族自治区县级以上行政区划代码[EB/OL]. http://www.gxtj.gov.cn/zdbz/tjbz/xzqhdm/201212/t20121205_25518.html.

参考文献